#韓国女子 のための

イマドキ
韓国語

貝森時子/キム・ジヨン/オ・ヨヌ

語研

JN040965

【装丁（カバー・表紙・扉デザイン）】クリエイティブ・コンセプト

はじめに

　韓流ブームと共に韓国語学習への関心が高まってから久しく，学習者の中には韓国の映画やドラマ，バラエティ番組などを字幕なしで理解できるようになりたいという思いを抱えている人も少なくありません。本書はそんな韓国語学習者の目標達成に少しでもお役に立てればと考え，執筆したものです。

　オンラインコミュニティで生まれた新造語や略語は度々一般社会の中でも流行語となり，定着してテレビやラジオでも使われるようになっていくことがありますが，韓国語学習用のテキストや辞書には載っておらず，もどかしい思いをすることもあります。

　しかしながら，韓国語のオンライン用語はスラングや隠語も多く，使われているコミュニティが限られている場合もあります。オンラインでは使用頻度が高く毎日のように目にする言葉でも，そういったコミュニティに関心がない人はネイティブであっても何を言っているのかまったくわからないということもよくあります。通じないだけならまだしも，スラングの中には一般社会の中で使えば語感がとても強い表現になってしまい，使っている人の人格や価値観を示す指標になってしまうことが考えられます。そのため，慣れないうちは本書に書かれているものは完全に「理解のため」と見なし，ご自分で使うのは控えることをお勧めします。相手・状況・文脈の判断を誤れば誤解が生じてしまい，人間関係に影響を与えてしまいかねません。くれぐれも，そのことを踏まえてご覧いただければと思います。

　韓国語のオンライン用語は面白い略し方や比喩によって韓国語の新たな一面を垣間見せてくれます。本書を手に取ってくださった皆様にも，そんな魅力が伝わることを願っています。

著者一同

もくじ

ファンカフェの加入方法

ファンカフェって？

　ファンカフェ（韓国読みはペンカペ）とは，同じ芸能人の
ファン同士が集まって情報を交換したり交流するための
コミュニティサイトを指します。

　大きく分けて，所属事務所が作成・運営する公式カ
フェ，ファンが集まって運営して事務所や本人も関わっ
ている形の公認カフェ，ファンだけで作成・運営する非
公式のものがあります。

　入会金や年会費などは一切かからず無料で利用できる
場合がほとんどです。

ファンカフェに加入するメリット！

　出演スケジュールなどの情報を得たり，ファンカフェ
でしか見られない写真や動画などを見たり，ほかにも好
きなアイドルに応援メッセージを送ることや，ファン同
士でチケットの譲渡，活動情報のチェックなど，ファン
カフェに入ることでファンとしての活動の幅を大きく広
げることができます。

主なファンカフェを紹介！

まずはどちらかのサイトから始めてみましょう。

① **Naver 카페（ネイバーカフェ）**
② **Daum 카페（ダウムカフェ）**

Naver や Daum は韓国の情報ポータルサイトで，日本でいう Yahoo! JAPAN や Google のようなものです。

まずは，各サイトの ID を取得する必要がります。

Naver のアカウント作成方法

QR コードもしくは URL を入力し，サイトにアクセスしてください。

https://nid.naver.com/user2/V2Join.
nhn?m=agree&lang=en_US&agentType=

言語は英語に変更することもできます。利用規約にチェックをし，**Confirm**（확인〔確認〕）をクリックします。

会員情報を入力します。電話番号は必ず携帯番号を入力します。入力したら右の **SendCode**（인증번호 받기〔認証番号取得〕）をクリックすると，その番号の SMS に

verification code（**인증번호**〔認証番号〕）が届きます。すべて入力したら**Sign Up**（**가입하기**〔登録〕）をクリックし，登録完了です。

　スマホで会員登録する場合もだいたい同じように操作します。

◆ **Daum のアカウント作成方法** ◆

　カカオトーク（LINE に類似したサービス）の ID を持っていればその ID パスワードでログイン可能ですが，なければまずカカオの ID を作成する必要があります。

　ID をお持ちでない場合は下記サイトの「カカオアカウント新規作成」を，お持ちの場合は「カカオアカウントからログイン」をクリックして手続きしてください。

 https://accounts.kakao.com/weblogin/create_account
?continue=https%3A%2F%2Fwww.daum.net

※ 2020 年 3 月の時点ではスマホで手続すると，韓国の携帯番号を入力する手順が出てきてしまうので，パソコンで手続したほうが良さそうです。

ファンカフェに加入してみよう！

　それぞれの ID を取得したら，次にようやくファンカフェへの加入です。

　以下のサイトから名前で検索してみましょう。

Naver 카페

 https://cafe.naver.com/

　まずは　카페 가입하기　（カフェ登録）をクリック。加入への質問がいくつかされます。この質問はカフェによって内容が異なります。

　次にカフェ内のニックネームを設定します。最後に，동의 후 가입하기　（同意後加入）をクリックすると申請が完了します。

　申請が通れば晴れてカフェに加入できます。

http://top.cafe.daum.net/

　お目当てのカフェを見つけたら **가입하기** （登録）をク
リックします。

　約款同意，ニックネームの入力，メール受信の有無を
チェックし， **가입** （加入）をクリックで準会員としての
入会が完了です。

会員には等級がある！

　カフェによって異なりますが，会員は準会員・正会員・
優秀会員などで分けられており，ファン活動によってラ
ンクアップします。準会員のままだと利用が一部制限さ
れます。

　毎日ログインするだけで済む緩い規定もあれば，難問
を出される場合もあり，正会員になるための条件は各カ
フェによって異なります。

ファンカフェを利用するうえでの注意！

　Twitter や Instagram などを利用するときと同様，顔の見えない相手だからこそ最低限の礼儀をわきまえて，相手が不快に感じないような書き込みを心がける必要があります。規定違反にならないよう，必ずそれぞれのファンカフェにあるルールを確認するようにしましょう。

　中には，本人認証が必要なカフェもありますが，Naver も Daum も韓国で外国人登録している場合を除き，外国人はポータルサイトに身分証明書の写真などを提出することで解決します。

ファン活動の対象や関係者に関する言葉を集めました。

최애
チェエ

⤷ 【最愛】1番好きな人。

차애
チャエ

⤷ 【次愛】2番目に好きな人。

차차애
チャチャエ

⤷ 【次次愛】3番目に好きな人。

본진
ポンジン

⤷ 【本陣】本来の陣営。複数の対象のファン活動をしている中で一番で固定された活動の対象。一番好きな芸能人，一番力を入れているジャンル。

구본진
クボンジン

🖐【旧本陣】昔好きだったけれど今はファン活動を行っていない対象。

🏷 구오빠 〈女性が男性に対してのみ〉

전본진
チョンボンジン

🖐【前本陣】今ファン活動をしている対象の前の対象。

메보
メボ

🖐〈메인 보컬 (メインボーカル)〉。

서보
ソボ

🖐〈서브 보컬 (サブボーカル)〉。

리보
リボ

🖐〈리드 보컬 (リードボーカル)〉。

비담
ピダム

↷〈비주얼 담당 (ビジュアル担当)〉
グループ内で特に整った外見のメンバーのこと。

춤멤
チュムメム

↷〈춤을 잘 추는 멤버〉ダンスが特技のメンバー。

남돌
ナムドル

↷〈남자 아이돌 (男性アイドル)〉。

여돌
ヨドル

↷〈여자 아이돌 (女性アイドル)〉。

타돌
タドル

↷〈타+아이돌 (他+アイドル)〉他のアイドル。

例 타돌 언급 금지 : 他のアイドル言及禁止

완전체
ワンジョンチェ

☞【完全体】メンバーが1人も欠けることなく，完全な状態のチームのこと。

슈스
シュス

☞〈슈퍼 스타（スーパースター）〉

매니저
メニジョ

☞① インターネットカフェの運営者。　類 클짱（クラブ 짱）

② 所属事務所のマネージャー。

팬매
ペンメ

☞〈팬 매니저（ファンマネージャー）〉

ファンに対応したり管理する業務を担うマネージャー。運転・送迎担当のマネージャーはロードマネージャー（로드 매니저）という。

초통령
チョトンリョン

☞〈초등학생들의 대통령（小学生の大統領）〉小学生ならみんな好きな，人やキャラクター。　類 군통령：【軍統領】軍人に人気の女性アイドル

만찢남 / 만찢녀
マンチンナム/マンチンニョ

👉〈만화를 찢고 나온 남자/여자 (漫画を破って出てきた男／女)〉漫画の キャラクターのように美しい外見の人。

○○느님
○○ヌニム

👉 神レベルに万人に愛される人・ 物。**연느님**（神ヨナ〔キム・ヨナのこと〕）や**치느님**（神チキン）というように使う。 **類** 갓○○

例 역시 국민MC 유느님ㅜㅜ：さすが国民 MC の 유느님《ユ・ジェソク》(泣)

머글킹
モグルキン

👉〈머글+king（マグルキング）〉一般 人にもよく知られているメンバー。

자영업자
チャヨンオプチャ

👉【自営業者】ファンが営業活動を しなくても本人の魅力で新規ファ ンを引き込む芸能人。

연생
ヨンセン

👉〈연습생（練習生）〉各事務所でレッ スンを受けているデビューしていな い人達。

유튜버
ユテュボ

↷ 〈YouTuber（ユーチューバー）〉

뷰튜버
ビュテュボ

↷ 〈뷰티（Beauty）＋유튜버〉ビュー
ティー関連の動画を配信している
ユーチューバー。

갓델
カッテル

↷ 〈god＋모델（神モデル）〉。モデル
の優れたビジュアルをほめたたえ
る言葉。

남주
ナムジュ

↷ 〈남자 주인공〉男性の主人公。

여주
ヨジュ

↷ 〈여자 주인공〉女性の主人公。

| 섭남
ソンナム | ⤷〈서브 남자 주인공〉2番手の男性主人公。 |

| 병풍
ピョンプン | ⤷【屏風】主人公の周りに背景のようにいる人。 |

関 꽃병풍：【花＋屏風】背景のようにいる人が主人公よりかわいい、またはかっこいいこと。

| 후로
フロ | ⤷프로（プロ）の変形。 |

| 남캐
ナムケ | ⤷〈남자 캐릭터〉男性キャラクター。 |

| 여캐
ヨケ | ⤷〈여자 캐릭터〉女性キャラクター。 |

국민○○
クンミン○○

⤵【国民○○】すべての世代から愛される人または愛用される物。

類 국민여동생：国民の妹，국민배우：国民俳優

춤신춤왕
チュムシンチュンワン

⤵【ダンスの神でダンスの王】ダンスがあまり上手くなくて可笑しいダンスをする人を反語的に称する。

옵
オプ

⤵〈오빠（お兄さん）〉女性が年上の男性芸能人を親しみを込めて使う呼称。大人っぽくてかっこいいという意味でも使われる。

例 누가봐도 옵아니냐：誰が見たって옵（大人っぽくてかっこいい）でしょ。

와기
ワギ

⤵〈오빠＋아기（赤ちゃん）〉かわいいお兄さん。

例 울 와기 누가 울렸어ㅜㅜ：うちの 와기，誰が泣かせたの（泣）

깅
キン

⤵「아기（赤ちゃん）」の기にパッチム○を付けて，かわいらしい語感になる。これを芸能人の名前の一部に付け，かわいらしいことを表す。　**例** 켄깅이 너무 귀여워：켄깅이（ケンタくん）超かわいい。

덕후
（トック）

↳ 日本語の「オタク」に由来する「오덕후」の略。ファンを指す。덕と省略される場合も多い。 **類** 팬：ファン

빠순이
（パスニ）

↳ （女性の）ファン。もとは「오빠（年上のお兄さん）」と呼んでスターの追っかけをする女性を馬鹿にする意味で使われていたが，今は熱心なファンという意味合いで使われるようになった。

（〇〇ドク）

↳ 〈〇〇덕후〉〇〇のファン。

（〇〇パ）

↳ 〇〇の 빠순이 （ファン）。

잡덕
（チャプドク）

↳ 色んな対象のファン活動をする人のこと。

밀덕
ミルドク

♫ 〈밀리터리＋덕후 (ミリタリーオタク)〉

코덕
コドク

♫ 〈코스메틱＋덕후 (コスメオタク)〉

늦덕
ヌットク

♫ 遅く入門したオタク。

例 늦덕이라 갖고있는 짤이 없어요. 예쁜 짤 좀 주세요! : 늦덕だから写真持ってないんです。かわいい写真ください！

성덕
ソンドク

♫ 〈성공한 덕후 (成功したファン)〉

ファン活動している分野に就職して対象との距離が近くなったり本人の職業が対象と仕事でつながったりしたファン。

올팬
オルペン

♫ 〈all＋팬 (オールファン)〉 グループのメンバー全員が好きなファン。

머글
モグル

🔖【マグル】「ハリーポッター」シリーズに由来し，ファン活動に理解のない，ファン活動をしていない一般人。

類 일반인：一般人

갠팬
ケンペン

🔖〈개인팬（個人ファン）〉グループの中でメンバー1人だけのファンとして活動すること。

악개
アッケ

🔖〈악성 개인 팬（悪性個人ファン）〉。グループ内の1人のメンバーだけ好きで，他のメンバーを攻撃したり排斥するなど極端な利己主義を見せるファン。

얼빠
オルパ

🔖 ファンになった理由がただひたすら「顔」というファン。

사생
サセン

🔖【私生】ストーカー化したファン。私生活（**사생활**）につきまとうという意味で使われるようになった言葉。

홈마
ホムマ

〈홈페이지 마스터（ホームページマスター）〉自分で撮影したスターの写真や動画を共有するホームページの運営者。

찍사
チクサ

〈사진 찍는 사람（写真を撮る人）〉

넴드
ネムドゥ

〈네임드（Named）〉有名なファン。

탑시드
タプシドゥ

【トップシード】ファンクラブの中で写真，動画，ファンアート，イベントなどでその分野で最高とされる有名なファン。ワールドカップサッカーの組抽選システムから派生した言葉。

덕친
トクチン

〈덕질 같이하는 친구〉同じ対象のファン活動をする友達。

類 덕메〈덕질 메이트〉

혼모노
ホンモノ

↳ 【本物（ほんもの）】真のオタク。

○○린이
○○リニ

↳ 〈○○＋어린이（子ども）〉 その分野の初心者。（スポーツの場合，チーム名を表す1字を入れ，そのチームのファンである子どもを意味する）

類 ○○꿈나무／뉴비　例 헬린이：〈헬스＋어린이〉ジム初心者

할미
ハルミ

↳ 〈할머니（おばあちゃん）〉 好きな芸能人より年上または年齢が20代以上の女性ファンが，冗談で自分のことを称するもの。20～30代のファンが使うことが多い。

새우젓
セウジョッ

↳ 大量の小エビ（アミ）が集まったエビの塩漬けのように，アーティストにはファン個々人が認識されないという意味。　例 맨앞줄에서 난리쳐봤자 어차피 새우젓인데：最前列で騒いでもどうせ 새우젓 なのに。

씹덕
シプトク

↳ オタクの中のオタク。

금손
クムソン

【金の手】手が器用な人。

똥손
トンソン

【糞の手】不器用な人・(チケットを取る際に) 手が遅い人。

類 곰손:【熊の手】スピードが遅いこと

베프
ペプ

〈ベスト フレンド (ベストフレンド)〉

類 절친:親友

남친
ナムチン

〈남자친구〉彼氏。

여친
ヨチン

〈여자친구〉彼女。

남사친
ナムサチン

☝〈남자 사람 친구（**男の人＋友達**）〉

男友達。

여사친
ヨサチン

☝〈여자 사람 친구（**女の人＋友達**）〉

女友達。

급식
クプシク

☝【**給食**】小中高生のこと。学校で給食を食べることから。

🈔 **초급식/초딩** : 小学生， **중급식/중딩** : 中学生， **고급식/고딩** : 高校生

학식
ハンシク

☝【**学食**】大学生。学校で学食で食べることから。　🈔 **대딩** : 大学生

회식
フェシク

☝【**会食**】会社員。社員食堂で食べることから。会社員が必ずしも社員食堂で食べるわけではないが，小学生〜大学生（給食・学食）と区別するために使われる。

맏내
マンネ

末っ子（막내）のような一番上のお兄さん（맏형）。

막형
マッキョン

一番上のお兄さん（막형）のような末っ子（막내）。

창조주
チャンジョジュ

【創造主】親。

토모
トモ

【友（とも）】友達。

참토모
チャムトモ

真の友達。

귀요미
クィヨミ

☞ かわいい人。

뚠뚠이
トゥントゥニ

☞ 太っている人をかわいらしく表現した呼び方。

금사빠
クムサパ

☞ 〈금방 사랑에 빠지는 사람 (すぐに恋に落ちる人)〉

쩌리
チョリ

☞ 対して役に立たない周囲の人。MBC のバラエティ番組「無限に挑戦」で使われ始めた。**겉절이** (浅漬けキムチ) の変形。

類 병풍 【屏風】, 잉여 【剰余】

냉미남
ネンミナム

☞ 【冷美男】冷たい印象の美男子。

反 온미남 【温美男】

냉미녀
ネンミニョ

↳ 【冷美女】冷たい印象の美女。

장꾸
チャンク

↳ 〈장난 꾸러기 (いたずらっ子)〉

엄친아
オムチナ

↳ 〈엄마 친구 아들 (**お母さんの友達 の息子**)〉 お母さんの話に出てくる

噂話の「友達の息子」。すべてが完璧な人。

関 엄친딸 : お母さんの友達の娘

집순이
チプスニ

↳ 〈집+순이/돌이〉家にいることが 好きな人。**집순이** は女性，**집돌이**

は男性を指す。 **類** 히키 : 30 ページ

등골 브레이커
トゥンゴルブレイコ

↳ 〈背骨 + breaker〉「부모 등골을 빼먹는다 (親のすねをかじる)」から

派生した言葉。親が苦労して稼いだお金でぜいたくすること。

뚝딱이
(トゥクタギ)

⤴ 極度の運動音痴でダンスを踊る時にロボットのようにぎこちなく動く人。

금수저
(クムスジョ)

⤴ 【金のスプーン】お金持ちの家の子どもという意味。「금수저를 물고 태어났다（金のスプーンをくわえて生まれた）」という表現の略。

反 흙수저：泥のスプーン（貧乏な家の子ども）

미자
(ミジャ)

⤴ 〈미성년자〉未成年者。

모솔
(モソル)

⤴ 〈모태 솔로（母胎ソロ）〉生まれてから一度も恋愛したことのない人。

関 모태신앙【母胎信仰】：親の影響で生まれた時から信者であること。

히키
(ヒキ)

⤴ 家にいることが好きな人を日本語の「引きこもり」に例えた表現。

類 집순이：29 ページ

셀기꾼
セルギクン

🖐〈셀카（自撮り写真）＋사기꾼（詐欺師）〉

実物とは別人のような自撮り写真

を撮る人を指す。　🔵 셀카：196 ページ

맵찔
メムチル

🖐〈매운것도 못 먹는 찌질이（からい食

べ物をまったく食べられないダメな人）〉

눈새
ヌンセ

🖐〈눈치 없는 새끼（空気の読めない奴）〉

気が利かない鈍感な人，雰囲気を

把握するのが苦手な人。

파괴신
パゲシン

🖐〈破壊神〉触るだけで何でも壊し

てしまう人。

듣보잡
トゥッポジャプ

🖐〈듣도 보도 못 한 잡놈〉聞いた

ことも見たこともない珍しい人物。

🔵 듣보：見たことも聞いたこともない

길치
キルチ

↳ 〈길＋치（道＋痴）〉方向音痴。

類 방향치【方向痴】

関 **기계치**：機械音痴，**음치**：音痴，**몸치**：運動音痴

막귀
マックィ

↳ 耳が鋭くなく，音質や音程の違いなどに鈍感な人。

例 나는 막귀라서 그런지 음향 이상한거 잘 모르겠던데：私は막귀だからか音響がおかしいのよくわからなかったよ。

○○페인
○○ペイン

↳ 【○○廃人】実生活に集中できないほどドラマ『○○』にはまっている人。類 ○○처돌이

○○좌
○○ジュア

↳ 【○○座】特定の分野ですぐれた能力を持ち，極めた人を「本座」ということから，名前やあだ名，特技などの後ろに**좌**を付けて呼ぶ。

본사
ボンサ

↳ 〈본 사람（見た人）〉

못사
モッサ

💭 〈못 본 사람 (見れなかった人)〉 行けなかった人，聞けなかった人など他の動詞に置き換えて用いることもある。

똑띠
トクティ

💭 〈똑똑한 사람 (賢い人)〉

例 내새끼 똑띠라 알아서 다 잘해：うちの子，똑띠 だから自分で判断してうまくやるよ。

망붕
マンブン

💭 〈망상 분자 (妄想分子)〉 番組の演出と現実を区別できずコミュニティや芸能人にまで被害を与える人。

인싸
インサ

💭 〈인사이더 (インサイダー)〉 積極的に人と交流するために，イベントなど人が多いところによく参加する人。

関 핵인싸：〈核＋인싸〉すごい 인싸 (「核」は「超」「大」のように強調する機能がある)

例 승연이 완전 핵인싸야 나 빼고 다 친해ㅠㅠ：スンヨンは完全に 핵인싸。私以外みんな仲良し (泣)

아싸
アッサ

〈アウトサイダー（アウトサイダー）〉

友達がいなくて集団に入らない人。

一般的には「やった！」という感嘆詞の単語。

아재
アジェ

〈아저씨（おじさん）〉

関 아재개그 : おやじギャグ、ダジャレ

관종
クァンジョン

〈관심종자（関心種子）〉 関心を引

くために行動する人。

例 완전 관종이네 신경쓰지마 : 完全に 관종 だね。気にしないで。

ファンが行う行動などに関する言葉を集めました。

스케
스케
⤷ 〈스케줄 (スケジュール)〉

이벵
이벤
⤷ 〈이벤트 (イベント)〉

인텁
イントプ
⤷ 〈인터뷰 (インタビュー)〉

제발회
チェバレ
⤷ 〈제작 발표회 (制作発表会)〉

〈팬미팅（ファンミーティング）〉

〈미니 팬미팅（ミニファンミーティング）〉音楽番組の収録当日に観覧

参加者を対象に収録の前後に短いファンミーティングの時間を持つこと。主に新曲活動の最初または最後の番組出演の際に行われる。　参 미팬：222 ページ

오프
オプ

〈오프라인 스케줄（オフライン・スケジュール）〉ファンが入れる生放送や収録など。オンラインでつながりのあるファンなどと対面することを指す場合もある。

関 오프뛴다：オフラインスケジュールに参加する

노동
ノドン

【労働】楽曲や動画のストリーミング，関連記事へのコメント書き込み，関連検索ワードからよくない言葉を排除するなど，好きな芸能人のためになることをすること。　類 로동

실검
シルコム

〈실시간 검색어（実時間検索語）〉リアルタイム検索ワード。

연검
ヨンゴム

〈연관 검색어（連関検索語)〉関連検索ワード。

스밍
スミン

〈스트리밍〉ストリーミング再生。

후기
フギ

【後記】レポ（レポート）。

나노후기
ナノフギ

☝【ナノ後記】非常に詳細なレポ。

영업
ヨンオプ

☝【営業】自分が好きなアーティストを他の人も好きになってくれることを願って，動画や写真などのコンテンツを見せること。

현참
ヒョンチャム

☝〈현장 참여（現場参与）〉スケジュールの現場に行って参加すること。事前に受け付けた人数に追加や不参加などが生じて当日参加を受け付ける場合を指す。

例 오늘 공방에 현참있어? : 今日の公開放送に 현참 ある？

톱
トゥプ

☝〈투표（投票）〉

문투
ムントゥ

☞ 〈문자 투표 (**文字投票**)〉 番組の趣旨 (優勝者の決定など) に合わせて SMS で投票すること。「문자 (文字)」は「문자 메시지」の略で, SMS のこと。

온투
オントゥ

☞ 〈온라인투표 (**オンライン投票**)〉

영접
ヨンジョプ

☞ 【迎接】今までは映像だけで見ていた芸能人を, サイン会などを通して実際にすぐ近くで見ること。本来は来客に応対することを意味する。

例 어제 팬싸인회에서 실물 처음 영접했는데 너무 빛나서 시력을 잃었어 : 昨日サイン会で初めて実物 영접 したんだけど, 眩しすぎて視力失ったわ。

겉돌
コットル

☞ 公演を見ないのに会場周辺のグッズ販売やファンの **나눔** (参 43ページ) などのために会場周辺をウロウロすること。

例 내일 일찍 겉돌가려구 : 明日早く 겉돌 行くつもり。

용병
ヨンビョン
🔽【傭兵】 競争率の激しいチケット購入などを手伝ってくれる人。元はゲーム用語で自分が属するギルドから他のギルドに手伝いに行くという意味。

같비
カッピ
🔽〈같은 비행기（同じ飛行機）〉 同じ飛行機に乗ること。

例 같비는 사생아니야?：같비 は 사생 （ストーカー）じゃない？

○○차
○○チャ
🔽 フードトラック，コーヒートラックなどを出演者やスタッフが利用できるように，イベント会場や撮影現場などに差し入れされるケータリングのこと。

例 커피차：コーヒートラック，아이스크림차：アイスクリームトラック，

피자차：ピザトラック

ファン活動でよく使う言葉を集めました。

덕질
トクチル

🔖 あらゆる種類のファン活動のこと。**질** は行為を表すが，よくないニュアンスを持つ場合が多い。**類** ○○빠질

입덕
イプトク

🔖 〈入＋덕〉ファンに入門すること。

参 ○○덕：20ページ

탈덕
タルドク

🔖 〈脱＋덕〉ファンを辞めること。

類 탈빠

휴덕
ヒュドク

🔖 〈休＋덕〉ファン活動をしばらく休むこと。

41

탈빠
タルパ

↳ ファンを辞めること。

類 탈덕

떡밥
トッパプ

↳ ファン活動をする芸能人の新しい情報やコンテンツ。

씹포
シッポ

↳ 〈씹덕＋포인트（ポイント）〉ファンの気持ちを刺激するポイント。

参 씹덕：24 ページ

킬포
キルポ

↳ 〈킬링 포인트（**Killing point ／ キリング・ポイント**）〉歌詞，振り付け，セリフなどが強烈な印象を残す部分。

類 킬파：킬링 파트（キリング・パート）

팬썹
ペンソプ

↳ 〈팬 서비스（ファンサービス）〉ファンサ。 類 팬섭

아컨
アコン
↳ 〈아이컨텍 (アイコンタクト)〉

덕심
トクシム
↳ ファンの心，ファンの気持ち。

類 팬심

갠소
ケンソ
↳ 〈개인 소장 (個人所蔵)〉 個人的に所有すること。

例 사진 너무 이쁜데 갠소해도 됨? : 写真，すごくきれいだから 갠소 してもいい？

나눔
ナヌム
↳ 〈나누다 (分ける) の名詞形〉 必要のない物や自作したものなどを他の人に無料で分けてあげる行為。

무나
ムナ
↳ 〈무료 나눔 (無料のナヌム)〉

参 나눔：43 ページ

댄브
テンブ

↳ 〈댄스 브레이크（**Dance Break** ／ダンス・ブレイク）〉曲の途中，歌がない箇所で踊ること。

퍼포
ポポ

↳ パフォーマンス。

일코
イルコ

↳ 〈일반인 코스프레（一般人コスプレ）〉ファン活動をしていない一般人を装うこと。　例 나 주변에 일코중이었는데 들킨 것 같아ㅜㅜ：私，周りの人に 일코 してたんだけど，ばれちゃったみたい（泣）

일코해제
イルコヘジェ

↳ 〈일반인 코스프레 해제（一般人コスプレ解除）〉ファンじゃないふりをしていたが，ファンだということを明かすこと。

例 문자투표 받으려고 오늘 회사에서 수치스러움을 참고 일코해제했어：
SMS 投票してもらいたくて今日，会社で羞恥心をこらえて 일코해제 した。

덕밍
(トンミン)

〈덕밍아웃 = 덕후 + 커밍아웃（オタク・カミングアウト）〉ファンであることを明かすこと。 類 덕밍아웃

역주행
(ヨクチュヘン)

【逆走行】すでに活動が終了したり，発売から時間が経っている歌が再び音楽チャートにランクインし，上位圏に上がっていくこと。通常，活動当時にはあまりヒットせずチャートの下位またはランク外だった場合を指す。

정주행
(チョンジュヘン)

【正走行】ドラマや連載など，現在進行形または終了したものを初回から改めて見ること。

도장깨기
(トジャンケギ)

特定の人物や監督の作品をひとつひとつすべて見ること。中国の武侠小説の道場破りに例えたもの。 類 필모깨기

✎ ファン活動に関する表現

연어질
ヨノジル

⤴〈연어＋질 (鮭＋行為)〉特定の主題について現在から過去にさかの

ぼって探すことを，川をさかのぼって泳ぐ鮭に例えた表現。

例 일주일 전부터 유튜브에서 승연이 인스타라이브 연어질하고 있는데 언제 끝나 넘 많아：一週間前から YouTube でスンヨンのインスタライブ 연어질し てるんだけどいつ終わるの，超多い。

솔플
ソルプル

⤴〈솔로 플레이 (ソロ・プレイ)〉。公演，展示などの行事に１人で参加

すること。

현타
ヒョンタ

⤴〈현자 타임 (賢者タイム)〉何かに没頭している時に突然我に返り，虚

無感を感じること。最近は「現実自覚タイム (현실 자각 타임)」

とも言う。

例 오늘 ○○이 하는 거 보고 완전 현타왔어 덕질 그만둘래：今日○○の言動 見て完全に 현타 が来た。ファン辞める。

갠멘
ケンメン

💬 〈개인멘트（個人メント）〉 コンサート，ファンミーティングなど多くの観客を対象にしている場所で，観客が舞台上のアーティストに大声で会話を試みること。

関 갠멘충：【―虫】 大声で 갠멘 を叫び，舞台上のアーティストのトークが聞こえない，またはトークの流れを妨げて他の観客に嫌がられる人。

例 오늘 사녹때 갠멘 심해서 우리 본방 팬클럽석 짤렸대：今日事前収録の時に 갠멘 ひどくて，私たち本番のファンクラブ席なくなったんだって。

간잽
カンジェプ

💬 ファン活動をちょっとやってみて，本格的に活動するか様子見をすること。　**類** 간잽이

돌판
ドルパン

💬 アイドルの世界。

셀렉
セルレク

💬 セレクト。

例 사진 셀렉이 왜이래：写真の 셀렉，どうしちゃったの。

탈○○
タル○○

⤵ 【脱○○】○○から脱出する／抜け出すこと。

例 **탈소속사**：〈脱所属社〉所属事務所から脱出すること，**탈지구급 외모**：〈脱地球級外貌〉地球人のレベルを超えた美貌のこと **（천상계 미모**〈天上界美貌〉**とも）**

망겜
マンゲム

⤵ 〈망하다+게임〉ヒットしなかったゲーム。

망작
マンジャク

⤵ 〈망하다+작품〉ヒットしなかった作品。

팬코
ペンコ

⤵ 〈팬 코스프레（ファンコスプレ）〉**인장방패**（**参** 123ページ）の延長線上で芸能人のファンを偽装し，故意に人々に嫌がられる行動をして，その芸能人のファンダムが非難されるようにすること。

類 **앰코**：〈애미 코스프레〉애미 は母親という意味。팬코 同様に味方のふりをしながらアンチ的行動をする人。

얼빡
オルパク

⚡ 顔にクローズアップ。

例 얼빡 고화질사진 떴는데 피부 완전 깨

끗하네 : 얼빡 の高画質写真がアップされたんだけどお肌すっごいきれいだね。

원픽
ウォンピク

⚡ 〈one pick〉複数の選択肢の中か

ら選ぶ対象。オーディション番組

「PRODUCE101」シリーズで最後に1人だけ投票できる時

に選んだ候補を「ワンピック」と言ったことに由来。食べ物, 本,

映画, 人などあるカテゴリーの中から一番好きなものを選ぶ

時に使う。

돌덕질
ドルドクチル

⚡ 〈아이돌 덕질〉アイドルのファ

ン活動。

어덕행덕
オドッケンドク

⚡ 〈어차피 덕질하는 거 행복하게

덕질하자 (どのみち 덕질 (参 41ページ)

はする〔止められない〕のだから, ハッピーにしよう)〉

例 스트레스 받지말고 어덕행덕해 : ストレス感じてないで 어덕행덕 しなよ。

탈빠논문
タルパノンムン

⤵ 【脱 빠 論文】ファンを辞める際に, 自分がファン活動した話やファンを辞める理由などを長々と書いて投稿すること。

손민수
ソンミンス

⤵ 他人の行動を真似すること。ウェブ漫画の『チーズ・イン・ザ・トラップ』の登場人物。 🅡 손민수템：真似して買った物

🅔 티셔츠 손민수하게 정보 좀 알려줘：Tシャツ, 손민수 するから情報教えて。

○○시
○○シ

⤵ 【○○時】○○の時間という意味。誕生日や特別な意味がある日付などを時間に置き換えて書き込む。例えば10月20日生まれの**태진**だと，10時20分に「**태진시**」と書き込むなどする。

입덕부정기
イプトクプジョンギ

⤵〈입덕＋否定期〉ファンになったのは明らかなのに頑なに認めずにいる期間。  참 입덕：41ページ

안방1열
アンバンイルリョル

⤵〈お茶の間1列目〉テレビの前で見ることをコンサート会場の最前列で見ることに例えたもの。

○○ is 뭔들
○○イズモンドゥル

🗨 ○○は何でも全部似合う／上手／素敵／かわいいという意味。

싱크로율
シンクロユル

🗨 【シンクロ率】原作・アニメと実写版のキャラクターの類似度を表す。

参 존똑：132ページ

캐해
ケヘ

🗨 〈캐릭터 해석（キャラクター解釈）〉。

類 캐해석

例 오늘도 캐해실패：今日も 캐해 失敗。

댓림
テルリム

🗨 〈댓글＋올림픽（コメント・オリンピック）〉公開放送観覧の申し込みやファンミーティング，**나눔**（参 43ページ）の申し込みなど，書き込みに対するコメントの先着順で受け付けること。

関 댓림픽，폼림픽

폼림
ポムニム

⤵ 〈폼＋올림픽（フォーム・オリンピック）〉

公開放送観覧の申し込みやファンミーティング，**나눔**（参43ページ）の申し込みなど，申し込みをフォーマットに必要事項を記入して送信し，その先着順で受け付けること。 **関** 폼림픽, 댓림픽

눈팅
ヌンティン

⤵ コメントしないで見守る行為。

類 관음

눈팅러
ヌンティンロ

⤵ コメントを残さないで見守る人。

서브병
ソブビョン

⤵ 〈서브 주인공＋병（サブ主人公病）〉

少女漫画やドラマで主人公の男性よりサブキャラのほうを好きになる病気。

_____

_____

_____

_____

_____

_____

👍 「ナヌム」文化

　韓国のファンは公式グッズ以外にうちわやステッカーなどなど，様々なグッズをグループや個人で製作し，無料でファンに配る「ナヌム（나눔：分かち合い）」という文化があります。中にはプロの作品なのではと思うほどクオリティの高いものも多く，また，他のアーティストが多数出演する場合にはお気に入りのアーティストの知名度を上げるためにファン以外の人向けに無料グッズを配るなど，その気持ちに感心する場面も多々あります。フォロワー限定やファンなら誰でも，など場合によって条件が違いますが，筆者ももらえる条件に当てはまる場合は勇気を出してもらいに行ってみることがあります。公演前に更に嬉しい気持ちで席に着くことができて最高です。配っている場所だけ SNS で公開して後はファンのマナーに任せるというケースもありますが，お礼のお菓子などが入っていることもあり，その双方向の思いやりにほっこりしてしまいます。無人なのをいいことに大量に持ち帰ったり，そういうお礼も無料で配っているものの一環だと勘違いして持って行ってしまったり，手作りグッズだと知らずか，誰かがネットで販売したりしているのを見るととても胸が痛みます。善意を踏みにじることにならないように，そのようなイベントに参加する場合はマナーに気を付けたいものですね。

コミュニティでよく使われる表現を集めました。

카페
カペ

インターネットカフェ。オンラインの会員制コミュニティ。ポータルサイト NAVER と Daum の機能を利用する場合が一般的。

類 팬깝：ファンカフェ

공카
コンカ

〈공식 카페（公式カフェ）〉

찻집
チャッチプ

〈お茶屋〉カフェのこと。

찻내
チャンネ

〈お茶の香り〉インターネットカフェ会員特有の感じ。

例 제목만 봐도 찻내난다：件名だけ見ても 찻내 が匂う。

등업
トゥンオプ

⚡【等up】NAVER・Daum カフェ

の会員レベルが上がること。

강등
カンドゥン

⚡【降等】NAVER・Daum カフェ

の会員レベルが落ちること。

고주
コジュ

⚡〈고유주소（固有住所）〉Daum

カフェの会員に付与されるアドレ

ス。プロフィールを初期化したりハンドルネームを変更して

も固有住所は変更されないため，トラブルを起こした人が名

前を変えて別人のふりをするなどしても，同一人物であるこ

とが確認できる。

도금
トグム

⚡〈도용금지（盗用禁止）〉公式カフェ

で自分だけが使うニックネームを

指定すること。

후방주의
フバンジュイ

〈후방주의（**後方注意**）〉他の人に みられたら恥ずかしいものを見る 時，モニターを誰かに見られていないか気を付けるように注意を促すように，投稿の件名に記載する。主にセクシーな写真や動画をアップする場合に使う。 **類** 엄빠주의：親注意

例 [후방주의] 오늘 공개된 화보사진 갖고옴：[後方注意] 今日公開されたグラビア写真持ってきた。

펌
ポム

〈퍼가다（**持って行く**）の名詞形〉公開・投稿された文章や写真，動画などの資料を他のコミュニティ・アカウントなどにコピーして掲示すること。 **例** 이거 인스타에 퍼가도 되요?：これ，インスタに持っていってもいいですか?

팀플
ティムプル

〈팀 플레이（**チームプレイ**）〉ゲームを複数でプレイすること。チームプロジェクトやグループ課題という意味でも多く用いる。

불펌
ブルポム

🖐 原作者または最初に投稿した人の許可なく写真，動画，文章など

を他のサイト・コミュニティに掲示すること。無断使用。

例 제가 올린 사진들은 불펌을 금지합니다. 퍼갈때 댓글달아주세요. : 私が

アップする写真は不正転載 禁止です。引用するときはコメント（リプライ）書い

てください。

스포
スポ

🖐 〈스포일러（スポイラー）〉ネタバレ。

例 그 영화 아직 안봤어 스포하지마 : その

映画まだ見てないの，スポ しないで。

팬조련
ペンジョリョン

🖐 〈팬+조련（ファン＋調練）〉 サー

カスの動物調教師のようにファン

の気持ちを操る魔性の技術。

피코
ピコ

🖐 〈피해자 코스프레（被害者コスプレ）〉

本人が加害者なのに被害者のように

ふるまうこと。 例 자기가 먼저 욕해놓고 어디서 피코질이야 : 自分が

先に悪口言い始めたくせに何 ピコ やってるの。

들튀
トゥルティ

👉 〈들고 튀다〉持って逃げる。

나왜안○○
ナウェアン○○

👉 〈私，どうして○○じゃないの〉他の人が芸能人に遭遇したり，ファンサービスを受けたりしたことを聞き羨ましがること。その場所，プロフィールなどでない自分を嘆く表現。

🔵例 **나왜안홍대**：私なんで弘大(ホンデ)(弘益大学校入口駅周辺のエリア)じゃないの。

개솔
ケソル

👉 〈개소리 (戯言(たわごと))〉

뭔솔
ムォンソル

👉 〈무슨 소리야? (何言ってるの?)〉
意味がわからないということ。

🔵例 **지금 뭔솔?**：いま何て(言った)？

길캐
キルケ

👇〈길거리 캐스팅〉路上でスカウトされること。

리젠
リジェン

👇〈regeneration（再生・復活）〉掲示板の活性度。ゲームでモンスターなどが倒された後一定時間を過ぎるとまた現れることから，投稿の間隔にたとえた表現。

例 **오늘 왤캐 리젠이 없어** : 今日なんでこんなに 리젠 ないの？

이때싶
イッテシプ

👇〈이 때다 싶어（**今がチャンスだ！と思って**）〉 例 **오늘 아무리 잘못했어도 이때싶 지나간 일까지 끌고오지 말자** : いくら今日間違ったことをしたとしても 이때싶，過去のことまで持ち出すのは止めよう。

그사세
クサセ

👇〈그들이 사는 세상（**彼らが住む世界**）〉ドラマのタイトルに由来し，自分たちだけの世界に浸っているという意味。

팬아저
ペナジョ

⏎〈팬 아니어도 저장 (**ファンじゃなくても保存**)〉写真などがとても素敵または面白いなどの理由から，ファンじゃなくても保存するという意味。

어그로
オグロ

⏎〈어그로를 끌다 (**Aggro を引っ張る**)〉掲示板などで他のユーザーの関心を引いたり不快感を誘発するためにする行動。元はMMORPGで使用される用語である。 **類** 트롤，트롤링

셀털
セルトル

⏎〈셀프+신상 털기 (**セルフ+身元バラシ**)〉自分の個人情報を自ら不特定多数に公開すること。

믿듣○○
ミットゥッ○○

⏎〈믿고 듣는 ○○ (**信用して聴ける○○**)〉歌の実力や選曲などが優れていて，新曲が出たら聞く前から素晴らしい曲だと信じて聞くことができるという意味。

関 믿보○○：〈믿고 보는 ○○〉信用して見れる○○《俳優名》

例 믿듣맘무：〈믿고 듣는 마마무〉信用して聴ける Mamamoo（ママムー）

반모
パンモ

👉〈반말모드 (タメロモード)〉お互いにタメロを使うこと。

입틀막
イプトゥルマク

👉〈입을 틀어 막다 (口を塞ぐ)〉感激して口を手で覆うこと。

졌잘싸
チョッチャルサ

👉〈졌지만 잘 싸웠다〉負けたけれど健闘したこと。

아무말 대잔치
アムマルデジャンチ

👉 前後の脈絡なく思いつくままに話すこと。

똥풍당당
トンプンダンダン

👉〈똥손+위풍당당 (威風堂々)〉本人が描いたファンアートが下手なのにも関わらず，堂々と公開して自慢すること。否定的な意味ではなく，それが面白いという表現。 参 똥손：25 ページ

뽑놓튀
ポムノッティ

👉 〈뽑아 놓고 튀다 (選んでおいて逃げる)〉

オーディション番組で特定候補に一生懸命投票してデビューさせておき，いざデビューする時にはファンを辞め，グッズ購入などのサポートをしないこと。

○○해벌임
○○ヘボリム

👉 〈○○해버림 (○○してしまう) の変形〉

例 결국 못참고 굿즈 다 결제해벌임：結局我慢できずに全部決済しちゃった。

나노덕질
ナノドクチル

👉 ナノ単位に感じるほどわずかな出演シーンでファン活動をすること。

취저
チィジョ

👉 〈취향저격 (趣向狙撃)〉 自分の好みにピッタリ合うこと。

어이가 아리마셍
オイガアリマセン

👉 〈어이가 없다 (呆れてものが言えない) の変形〉

핑프
ピンプ

🔖〈핑거프린세스（フィンガープリンセス）〉の略。指しか動かさないお姫様という意味。お知らせをきちんと読んだり検索すれば簡単に答えを探せるようなことについて，自分で検索もせずに質問をまず投稿する人のこと。

例 **핑프야 글쓸 시간에 검색 좀 해** : 핑프さん，書き込む時間に検索しなよ。

덕업일치
トドプイルチ

🔖〈덕질+본업／직업 일치（ファン活動+本業／職業一致）〉ファン活動と職業が一致。またはその分野に従事すること。

参 **덕질** : 41 ページ

댓글
テックル

🔖 投稿に対するコメント，リプライ。

類 **덧글, 리플**

언금
オムグム

🔖〈언급금지（言及禁止）〉

눈막귀막
ヌンマククィマク

↬〈눈을 막고 귀를 막는다 (**目を塞いで耳を塞ぐ**)〉他人の心配や指摘を見ないふり・聞かないふりをして無視すること。または，他人に攻撃されて，それを無視する場合にも使う。

例 안된다고 아무리 말해도 눈막귀막하니까 답이 없어：いくらダメって言っても 눈막귀막 だからどうしようもない。

까빠
カッパ

↬〈까면서 빤다 (**こき下ろしながら溺愛する**)〉ある対象の悪口を言ってこき下ろしたり褒め称えたりすること。　**類** 까빠질

말잇못
マリンモッ

↬〈말을 잇지 못하다 (**言葉を続けられない**)〉色々な意味で，あまりに衝撃的で言葉が出ないこと。

기승전〇〇
キスンジョン〇〇

↬【起承転〇〇】どんなことを話しても最後は〇〇の話で終わること。

서폿
ソポッ

↱〈서포트（**サポート**）〉ファンがお金を集め，団体でプレゼントを準備して贈ること。個人で行う場合もある。

類 조공：【朝貢】貢ぎ物

발작버튼
パルチャクポトゥン

↱【発作ボタン】触れると怒るポイント。

당발
タンバル

↱〈당첨자 발표（**当選者発表**）〉

例 당발은 내일 8시에 트위치로 생중계 할

게요：당발 は明日8時，Twich TV で生中継します。

시강
シガン

↱〈시선강탈（**視線強奪**）〉外見や装いがあまりに素敵または特殊で，自ずと視線を奪われること。 例 지금 뉴스보는데 뒤에 저 빨간머리 뭐냐

완전 시강：今ニュース見てるんだけど後ろのあの赤い髪何？ 完全に 시강。

궁예질
クンイェジル

↱〈弓裔＋질（**行為**）〉他人の考えや行動を根拠なく勝手に推測して断定すること。ドラマ『太祖王建』で後高句麗の建国者「弓裔」が観心法で人の心を見抜けると言ったことに由来。 類 궁예

쉐복질
シェボッチル

🔊 〈쉐도우 복싱 (シャドウ・ボクシング) ＋ 질 (行為)〉架空の敵を作って独り相撲すること。

대환장 파티
テファンジャンパーティ

🔊 めちゃくちゃで非常に混乱した状態。 類 머환장 파티

저세상○○
チョセサン○○

🔊 〈あの世の○○〉この世のものとは思えないほどだという意味。ロッテ七星飲料の缶コーヒー「Let's Be」の広告「この世界(この世)のコーヒーじゃない」に由来。

例 오늘 동한이 완전 저세상 텐션인데ㅋㅋ：今日のドンハン、完全に저세상テンションだね。

월클
ウォルクル

🔊 〈월드 클래스 (ワールドクラス)〉世界に通用するレベル。

덕통사고
トクトンサゴ

⤵ 〈입덕+교통사고（交通事故）〉アーティストのあるポイントで急に強い魅力を感じて**입덕**（参41ページ）し，ファンになること。

🈸 **치임**：101ページ，**치이다**：〈轢かれる〉車に轢かれように魅力にはまる

🈸 어제 엠카보고 덕통사고 당해서 유튜브보다가 밤샜음：昨日Mカウントダウン見て 덕통사고 くらって YouTube 見てたら徹夜しちゃった。

잠죽자
チャムチュクチャ

⤵ 〈잠은 죽어서 자자（**寝るのは死んでから寝よう**）〉寝る間を惜しんでもっと努力しようという意味。 🈸 한달만 잠죽자해서 꼭 데뷔시키자：1か月だけ 잠죽자 して必ずデビューさせよう。

⤵ 【○○コイン搭乗】ビットコインコミュニティ用語で，特定イシューによりビットコインの時価が上がりそうな兆しを見て投資して利益を得ようとすること。転じて，他の分野でも使われるようになり，例えば今後人気急上昇しそうなアーティストのファン活動を始める時などに用いる。

활중
ファルジュン

👉〈活動中止/中断（**活動中止／中断**）〉

インターネットカフェの会員活動をやめること。芸能人が活動を中断することを指す場合もある。

피뎁
ピデブ

👉〈PDFファイル〉悪質な投稿・コメントをPDFファイルで保存し，告訴の資料に使うこと。

類 **PPT, PPAP, 피피티**：PDFのこと（わざと誤字で使用する）

맛집
マッチプ

👉〈맛있는 집〉

① おいしいことで有名な飲食店。

② ①が転じて，何か特別にすぐれた人や組み合わせ，番組，放送局などを指す。

例 **노래맛집**：歌が上手い，**미모맛집**：かっこいい／きれい

이집 보컬맛집이네!!：この子，すごく歌が上手だね！！

존버
チョンボ

👉〈존＋버티기〉ひたすら耐えること。 参 **존**：129ページ

例 **어떻게 될지 모르니까 일단 존버탄다**：どうなるかわからないから，とりあえずひたすら耐える。

얼죽아
オルチュガ

☞〈얼어 죽어도 아이스 아메리카노
（凍え死んでもアイスアメリカーノ）〉 冬で

もアイスアメリカーノにこだわること。

例 영하20도인데, 얼죽아 인증샷 뜬거 봤니?：マイナス 20 度なのに 얼죽아

認証ショットアップ《証拠写真のこと》されたの見た?

스앵님
スエンニム

☞선생님（先生）のこと。ドラマ『ス
カイキャッスル』で主人公の滑舌

が悪いためできた流行語。

지뢰밭
チルェバッ

☞지뢰＋밭〈地雷＋畑〉嫌いなもの
が集まっている。

例 캐스팅 완전 지뢰밭이네 이번엔 안볼래：キャスト, 完全に 지뢰밭 だわ。

今回は見ない。

노맛
ノマッ

☞〈No ＋맛（味）〉おいしくない。

例 오늘 급식 완전 노맛：今日の給食完全

に 노맛。

생존신고
センジョンシンゴ

⤵【生存申告】 アーティストやコミュニティユーザーが長い間消息がなかったが SNS やコミュニティに投稿して生きていることを知らせること。 例 원빈은 아저씨이후로 아무 소식 없더니 광고로 생존신고하네：ウォンビンは『アジョシ』の後何の消息もなかったけど CM で生存申告 したね。

강종
カンジョン

⤵〈강제 종료 (強制終了)〉

내적친분
ネッチョクチンブン

⤵【内的親分】 持ち物や携帯の待ち受けなどから知らない人が自分と同じものを好きなようだと気づき，一方的に親しみを感じること。 例 아까 2호선 탔는데 내 앞에 앉은사람 나랑 같은 폰케이스여서 나혼자 내적친분 오졌음ㅋㅋ：さっき2号線に乗ったんだけど私の前に座った人，私と同じ携帯ケースで，私1人 内的親分 やばかった (笑)

내적댄스
ネッチョクデンス

♬【内的ダンス】とても楽しい・嬉しいことを表に出せず，心の中で踊ること。 **例** 음악들으면서 집가는데 라디오에서 아모르파티 나와서 혼자 내적댄스 춤ㅋㅋㅋㅋㅋ:音楽聞きながら帰ってたんだけど，ラジオからアモールファティ流れて，ひとりで内的ダンス踊った（笑）

패완얼
ペワンオル

♬〈パッションの完成は顔（ファッションの完成は顔）〉どんなに飾り立てても結局は顔が重要だという意味。 **類** 얼굴이 다했다：顔がすべての役割を果たした

얼굴이 대유잼
オルグリデユジェム

♬〈얼굴이＋대＋유＋잼（顔が＋大＋有＋面白み）〉顔を見るだけで面白い。面白い言動をしなくても，顔だけ見ても楽しい。

꽃길
コッキル

♬【花道】これから歩んでいく道が美しくて幸せな，花咲く道であってほしいという願い。 **反** 가시밭길：茨（いばら）の道 **例** 앞으로 꽃길만 걷자：今後，花道だけ歩こう。

똥촉
トンチョク

⚡ 推測がいつも間違えていること。

例 또 틀렸네 역시 똥촉：また間違えた，

さすが 똥촉

대리수치
テリスチ

⚡ 【代理羞恥】恥ずかしいと思うべき当事者は恥ずかしいと感じず，

かえってそれを見ている他の人が恥ずかしいと感じること。

例 내 잘못도 아닌데 왜 내가 대리수치를 느껴야 함：私の過ちじゃないのに

なんで私が 대리수치 感じなきゃなんないの。

댓삭튀
テッサクティ

⚡ 〈댓글을 삭제하고 튀다 (コメントを削除して逃げる)〉コメントについ

て指摘や攻撃を受けたりした場合に，コメントを削除してい

なくなること。

글삭튀
クルサクティ

⚡ 〈글을 삭제하고 튀다 (書き込みを削除して逃げる)〉書き込みについて

指摘や攻撃を受ける，または誤ってアップロードしたことに

気づくなどして書き込みを削除していなくなること。

출첵
チュルチェク

〈出席체크（出席チェック）〉

類 출첵

몽골리안
モンゴリアン

【モンゴリアン】肉眼で識別することが難しいことをよく見つける人を視力が優れているモンゴル人に例えたもの。

쯔왑쯔왑
チュワプチュワプ

食べ物をがつがつ食べる様子。

투리구슬
トゥリグスル

〈투명한 유리구슬（透明なガラス玉）〉

透明なガラスの玉。黒い腹の中がはっきり見えるということ。

타멤
タメン

〈他＋멤버（メンバー）〉他のメンバー。

백타
ベクタ

☞ 100 パーセント。 **類** 백퍼

뒷담
ティッタム

☞ 〈뒷담화（陰口）〉

트인낭
トゥインナン

☞ 〈트위터는 인생의 낭비다（ツイッターは人生の浪費だ）〉マンチェスターユナイテッドの元監督，アレックス・ファーガソン氏の言葉。ツイッターでの愚かな言動でひどい目に遭った人に言う言葉。

부메랑
ブメラン

☞ 【ブーメラン】他の人に対する悪しき言動が自分に返ってくること。

例 못된 사람들 다 부메랑 맞을거야：ひどい人達，みんな 부메랑 返って来るよ。

쉴드
シィルドゥ

☞ 【シールド】代わりに防御すること。

흠좀무 フムチョムム	⤵ 〈흠~ 좀 무서운데〉「 ふ ～ む, ちょっと怖いな」の略。

재업 チェオプ	⤵ 〈재 업로드〉 再アップロード。

수치플 スチプル	⤵ 〈수치 플레이 (羞恥プレイ)〉 公開的に羞恥心を感じることが生じる。

○○각 ○○ガク	⤵ ○○する感じがする。 例 고소각：告訴する感, 입덕각：ファン入門の感, 탈덕각：ファンを辞める感

지광 チグァン	⤵ 〈지하철 광고 (地下鉄の広告)〉

껐켰
コッキョッ

👉〈껐다 켰다〉消したりつけたり。

하라메
ハラメ

👉〈하이라이트 메들리 (ハイライトメドレー)〉新しいアルバムを発売する前に収録された全曲のハイライト部分を編集してメドレーにし，先行公開するもの。

줄세우기
チュルセウギ

👉〈줄세우기 (列に並ばせること)〉

① 楽曲配信サイトに同じアーティストの歌がずらっと並ぶようにすること。

② 1グループのメンバー同士，個人グッズの販売成績などをもとに人気順に並べること。(多くのファンの間ではよくない行為とされる)

소취
ソチュィ

👉〈소원성취 (所願成就)〉願いが実現することを願うという意味。

념
ニョム

🔖 DC INSIDE の「개념글（概念文）」。たくさん推薦されると星印がつき，**개념글** のみ見ることができるフィルタリング機能がある。

개추
ケチュ

🔖〈개념글 추천（概念文推薦）〉他の人の投稿を DC INSIDE の「개념글」に推薦すること。

○○행
○○ヘン

🔖【○○行】電車などの終着駅を表す「〜行（ゆき）」に由来する。場所だけでなく状況や人物，キャラクターなど多様に使われる。

분조장
プンジョジャン

🔖〈분노 조절 장애（憤怒調節障害）〉怒りをコントロールできないこと。

통피
トンピ

🔖〈통신사 아이피〉通信会社の IP。

 와파피：〈와이파이 아이피〉Wi-fi の IP

종범
チョンボム

ない, 見えないという意味。野球選手のイ・ジョンボム選手のファンが「イ・ジョンボムには目に見えない何かがある」と称賛したことから使われるようになった。また, このことから息子で野球選手のイ・ジョンフには「반투명 (半透明)」というあだ名がついた。

例 언급 종범이던데 거짓말아니야? : 言及 종범 だったけど, 嘘じゃないの?

외랑둥
ウェランドン

〈외국인팬+사랑둥이 (外国人ファン+愛らしい人)〉外国人ファンを褒めたたえる時に使う。 **類** 외깅이 : 〈외국인팬+애깅이〉

킹리적 갓심
キンリジョクガッシム

合理的疑いの言い換え。そうではないかという確信があるということ。 **例** 눈 퉁퉁 부은거보니 푹잔것같다는 킹리적 갓심 : 目がすごくむくんでるの見るとぐっすり寝たんじゃないかという 킹리적 갓심。

갤주
ケルジュ

〈갤러리 주인 (ギャラリーの主人)〉DC INSIDE 内のギャラリーの主人という意味。芸能人関連のギャラリーの場合, その芸能人が 갤주 となる。

입갤
イプケル

👆〈入＋갤러리〉DC INSIDE の

特定のギャラリーに入場（アクセス）

すること。

퇴갤
トェゲル

👆〈退＋갤러리〉DC INSIDE の特

定のギャラリーから退場すること。

탈갤
タルゲル

👆〈脱＋갤러리〉DC INSIDE の特

定のギャラリーから永久に退場す

ること。活動を完全にやめること。

설리
ソルリ

👆〈설레는 리플（ときめくリプライ）〉

投稿にコメントがたくさん書かれ

て，投稿者がときめくこと。

답정너
タプチョンノ

👆〈답은 정해져 있고 너는 대답만 해

（答えは決まっていて君は答えだけ言え）〉

質問をしておいて，聞きたい答えだけを言うように露骨に誘

導すること。

빠깍지
（パカクチ）

⚡ 〈빠순이＋콩깍지 (ファン＋豆の薄皮)〉

사랑에 빠지면 눈에 콩깍지가 씌인다

（恋に落ちると目に豆の薄皮がかかる＝恋は盲目）という言葉から。好きなアーティストがどんな姿を見せても, ファンにはよく見えるという意味。　類 덕깍지〈덕후＋콩깍지〉

눈갱
（ヌンゲン）

⚡ 〈目＋ギャング〉 見苦しいものを見て不快になる。

類 안구테러：眼球テロ　例 아 눈갱당함 제목에 주의하라고 좀 써 : ああ, 눈갱 食らった。タイトルに注意しろって書いてよ。

콘크리트
（コンクリトゥ）

⚡【コンクリート】どんなことがあっても固く支持するファン層。

例 콘크리트 단단해서 큰 사고만 안치면 오래갈듯 : がっちりしてるから大きなトラブルさえ起こさなければ長く続きそう。

이마짚
（イマジプ）

⚡〈(손으로) 이마를 짚다 (手で額を押さえる)〉 呆れてものが言えないという状態で, おでこに手を当てるジェスチャーをすること。

제곧내
チェコンネ

👉〈제목이 곧 내용 (**件名がすなわち内容**)〉件名にすべての内容が含まれているため, 投稿を開いても特に内容がないという意味。

類 냉무：内容無

정뚝떨
チョントゥクトル

👉〈〈정이 뚝 떨어지다 (**情が一気になくなる**)〉好感, 親しみなどが何かをきっかけに消えること。　例 흘린거 손으로 주워먹는거 보고 정뚝떨：こぼした物を手で拾って食べるの見て 정뚝떨。

키알
キアル

👉〈키워드 알림（**キーワードお知らせ**)〉特定のキーワードに関する投稿が掲示された時にアラームが鳴るように設定すること。

양봉업자
ヤンボンオプチャ

👉【**養蜂業者**】とてもスイートな目つきで見ることを「目からハチミツが落ちる」と表現することから, 目でハチミツを作るという意味で養蜂業者という。

강퇴
カンテ

👉〈강제퇴장 (**強制退場**)〉強制退会。

애미질
エミジル

💭 〈**お母さん＋질（行為）**〉アーティストの言動に対してロうるさいお母さんのように過度に干渉すること。

완장질
ワンジャンジル

💭 〈**腕章＋질（行為）**〉ただのファンなのに，他のファンに対して上から目線でロ出ししたり，自分の価値観でファンをコントロールしようとすること。

휘발되다
フィバルドェダ

💭 【**揮発する**】忘れてしまうこと。

고구마
コグマ

💭 【**サツマイモ**】飲み物なしにサツマイモだけ食べて喉が詰まるようにもどかしい。 類 고답이

例 아무리 말해도 못알아듣는데 진짜 고구마 백개먹은 것 같아：いくら言っても理解できなくて本当に 고구마 100 個食べたみたい。

닉넴
ニンネム

⚡〈닉네임（ニックネーム）〉ハンドルネーム。SNS などオンライン上で使用している名前のこと。類 **닉**

귀척
クィチョク

⚡〈귀여운 척（かわいいふり）〉

사이다
サイダ

⚡【サイダー】爽やかなサイダーを飲んだように非常に爽快なこと。すっきりする。言いたくても言えなかったことを他の人が言ってくれた時などに使う。　例 전부터 진상부리더니 오늘 망신당한거 완전 핵사이다ㅋㅋ：前から最低なことしてたけど，今日大恥かいてるの見てすごく サイダ（笑）

얼척없다
オルチョゴプタ

⚡〈어처구니가 없다（呆れる）〉
例 자기가 먼저 욕해놓고 사람들 앞에서 피해자인척 하는데 진짜 얼척없더라：自分が先に悪口言ったのに他の人の前で被害者ぶってて本当に呆れた。

✎ **コミュニティに関する表現**

TMI
ティエムアイ

⤵〈**Too Much Information**〉相手が望んでいない過剰な情報提供。

수치사
スチサ

⤵【**羞恥死**】死にそうなくらいとても恥ずかしいという意味。

例 회사 단체 카톡방에 실수로 아이돌사진 보냈어 완전 수치사ㅜㅜㅜ

会社のグループチャットに間違ってアイドルの写真送った。完全に수치사(泣)

심멎
シムモッ

⤵〈**심장이 멎다**（心臓が止まる）〉

例 헐 방금 눈빛 완전 심멎 : うわっ、さっきの目線完全に심멎。

좋못사
チョンモッサ

⤵〈**좋다 못해 사랑함**（好きすぎて愛すること）〉 **反** 싫못죽

싫못죽
シルモッチュク

⤵〈**싫다 못해 죽을정도**（嫌いすぎて死にそうなこと）〉 **反** 좋못사

84

○○보십
○○ポシプ

🖐〈○○보고 싶다 (○○会いたい／見たい)〉

아오안
アオアン

🖐〈아웃 오브 안중 (アウトオブ眼中)〉

眼中にない，関心をもたないこと。

저격
チョギョク

🖐【狙撃】特定の人物を指して投稿またはコメントなどで攻撃すること。

혼파망
ホンパマン

🖐〈혼돈 파괴 망각 (混沌・破壊・忘却)〉

めちゃくちゃ。

성지
ソンジ

🖐【聖地】コミュニティサイトで大人気となった投稿を聖地に例えたもの。

성지순례
ソンジスルレ

🔖【聖地巡礼】「聖地」とされる投稿を再び見に行ってコメントすること。

본인등판
ポニントゥンパン

🔖【本人登板】話題の当事者本人が登場すること。

例 본인등판했으니 뭐가 사실인지 물어보자：본인등판 したから何が事実なのか聞いてみよう。

신의 한 수
シネハンス

🔖〈神の一手〉素晴らしく神がかった行動のこと。

케바케
ケバケ

🔖〈case by case〉場合による。

사바사
サバサ

🔖〈사람 by 사람〉人による。

類 케바케

스압
スアプ

⤵ 〈스크롤 압박 (スクロール圧迫)〉

スクロールを果てしなくしなければならないほど文章がとても長い。

후려치다
フリョチダ

⤵ 〈깎아 내리다 (こき下ろす)〉

例 자기 최애만 찬양하면 되지 왜 남의 최애는 후려치는거야? : 自分の最愛ばっかり褒めたたえてなんで他の人の最愛はこき下ろすの?

머리채
モリチェ

⤵ 〈머리채를 잡다 (髪をつかむ)〉関係のない人を無理やり論争に巻き込むこと。 例 상관없는 배우 머리채 잡지말고 얘기해 : 関係のない俳優の머리채 つかまないで話せよ。

열폭
ヨルポク

⤵ 〈열등감 폭발 (劣等感爆発)〉

例 아니 왜 일반인이 연예인을 상대로 열폭하고 그래 : なんで一般人が芸能人相手に열폭 してるの?

各種コミュニティ

　SNS やオンライン・コミュニティが盛んに利用される昨今，オンライン上でファン活動を行う場も多様化してきました。韓国ではNAVER，DAUM といったポータルサイトの「カフェ」機能を利用して公式ファンクラブや私設ファンクラブを開設する場合が多いようですが，これらのポータルサイトは住民登録番号の登録（携帯電話で本人認証をする）をしないと利用できるサービスが制限される場合があります。また，加入する際に当該芸能人に関する質問に答えなければならない場合もあります。これは加入のハードルを少し上げることで，ファンでない人が入ってきて営業行為やチケット詐欺などを行うことや，違反行為をして強制的に退会させられた人が新たにアカウントを作って別人のふりをして活動するなど，迷惑行為をある程度防止する意味合いがあるようです。本書にも何度か登場している DC INSIDE というサイトは基本的に匿名で，自身のプロフィールの一部がわかるような内容を書くことも禁止されています。他のコミュニティでは通常，ファン同士は礼儀をもって敬称・敬語を用いるのがルールとなっていますが，このサイトは敬語禁止でタメ口を用いて性別や年齢などがわかる表現も避けられます。また，身元が露呈すると過激なユーザーに特定されてオン・オフラインで攻撃されることを懸念し，個人が特定できるような文の書き方をしないようにお互いに注意し合っているということです。そして，粗雑な言葉使いをすることも多いことから好ましく思わない人もいるため，あまり大っぴらにユーザーであることを明かさないほうがいいサイトと認識されているようです。

コンサート, 演劇・ミュージカル, 公演会場やチケットなどに関する表現を集めました。

해투
ヘトゥ

〈해외 투어 (海外ツアー)〉

전투
チョントゥ

〈전국 투어 (全国ツアー)〉

단콘
タンコン

〈단독 콘서트 (単独コンサート)〉

중블
チュンブル

〈중앙 블록〉公演会場の客席の中央のブロック。

사블
サブル

〈사이드 블록〉公演会場の客席のサイドのブロック。

왼블
ウェンブル

〈왼쪽 블록〉公演会場の客席の左側のブロック。　類 좌블

오블
オブル

〈오른쪽 블록〉公演会場の客席の右側のブロック。　類 우블

시방석
シバンソク

〈시야 방해＋석（視野妨害＋席）〉公演会場でステージ全体が見えず，視野が遮られる座席。

하느님석
ハヌニムソク

〈하느님＋석（神様＋席）〉客席の中で一番高く外側の席。高い場所から見下ろす客席の中で一番高く外側の席。高い場所から見下ろす様子を神様が空から見下ろしている様に例えたもの。

굴비석
クルビソク

♪〈굴비＋석（イシモチ＋席）〉全席完売で **하느님석** も手に入らなかった時に，イシモチのように紐でくくられて空中にぶらさがってでも公演が見たいという切なる思いを込めた虚構の座席。

무단차
ムダンチャ

♪【無段差】前列との段差がない座席。

역단차
ヨクタンチャ

♪【逆段差】前列よりも低い位置にある座席。

어천
オチョン

♪〈어디든 천국（どこでも天国）〉公演会場の段差や座席の配置がよく，どの席で観覧してもよい。

연석
ヨンソク

♪【連席】連番の座席。

3연석
サミョンソク

👉【三連席】3連番の座席。

의탠딩
ウィテンディング

👉〈의자＋스탠딩（椅子＋スタンディング）〉 スタンディング席がないのに，アーティストが観客をしきりに立たせてまるでスタンディングのような公演。

낮공
ナッコン

👉〈낮+공연（昼+公演）〉 早めの午後の時間帯に行われる公演。

類 마티네：〈マチネ〉 本来は昼公演という意味だが，韓国では平日の昼公演を指す。

밤공
パムコン

👉〈밤+공연（夜+公演）〉

첫공
チョッコン

👉〈첫+공연（初+公演）〉 3日連続公演の1日目の公演。長期公演の初日公演。 類 첫콘（콘 はコンサートの意味）

끼공 キンコン	⑰〈끼다（はさまる）＋공연（公演）〉
	３日連続公演の２日目の公演。

類 중콘

막공 マッコン	⑰〈마지막＋공연（最後の公演）〉 ３
	日連続公演の最後の公演。長期公

演の最後の公演。あるいは出演者ごとの最後の出演回。

類 막콘

페어막 ペオマク	⑰〈페어＋마지막 공연（ペア＋最後の
	公演）〉 演劇やミュージカルで特定

の出演者の組み合わせの最後の公演。

세미막 セミマク	⑰〈세미＋마지막 공연（セミ＋最後の
	公演）〉 最後の公演の直前の公演。

총막 チョンマク	⑰〈총＋마지막 공연（総＋最後の公演）〉
	一番最後の公演。千秋楽。

자첫
チャチョッ

↷〈자체 첫 공연（自体＋初公演）〉演劇やミュージカルなどで，ある作品を自分が初めて見ること。2回目以降は 첫 の代わりに 둘, 셋, 넷…と固有語数詞を使う。　**類** 자둘 자셋

자막
チャマク

↷〈자체 마지막 공연（自体＋最後の公演）〉演劇やミュージカルなどで，ある作品の公演期間中に自分がその作品を見るのが最後だということ。（一般的には「字幕」という意味で使われる単語）

초연
チョヨン

↷【初演】演劇やミュージカルの作品を初めて上演すること。

関 재연：再演，○연：○回目の上演

올콘
オルコン

↷〈all＋콘서트（コンサート）〉全国ツアーや数日間にわたって行われるコンサートをすべて観覧すること。　**類** 올공：公演を全ての回観覧すること。

단관
タングァン

↷〈단체 관람（団体観覧）〉

회전문
フェジョンムン

ᗏ【回転門】本来の意味は回転ドアに閉じ込められてぐるぐる回り，出たり入ったりを繰り返すことだが，転じて別の意味で使われる。

① 好きなアーティストのよくない言動などで気持ちが離れた後，また好きになるような状況になるということを繰り返し，ファンを辞めることができないこと。

例 완전 회전문이야 탈출실패：完全に回転文。脱出失敗。

② 演劇やミュージカルなどの長期公演を観覧する時に1つの劇を何回も続けてみること。

例 요즘 스모크 회전문 돌고있는데 봐도봐도 새롭다：最近『SMOKE』回転文 回ってるんだけど何回見ても新鮮。

무대
ムデ

ᗏ【舞台】ステージ。

카감
カガム

ᗏ〈카메라 감독（カメラ監督）〉

음감
ウムガム

⤵ 〈음악 감독 (**音楽監督**)〉

음방
ウムバン

⤵ 〈음악 방송 (**音楽放送**)〉 音楽番組。

쇼케
ショケ

⤵ 〈쇼 케이스 (ショーケース)〉

퇴근길
テェグンキル

⤵ 〈**退勤道**〉 出待ち (対応) のこと。

類 퇴길, ㅌㄱㄱ

출근길
チュルグンキル

⤵ 〈**出勤道**〉 入待ち (対応) のこと。

뮤출
ミュチュル

☝〈뮤직뱅크 출근길 (ミュージック
バンク出勤道)〉入り待ち。音楽番組

の中で唯一会場入りする際に公式フォトタイムがあり，記者

やファンが写真を撮ることができる。

포도알
ポドアル

☝【ブドウの粒】チケットサイト「イ
ンターパーク」の座席が等級別に

VIP 席，R 席は紫，S 席が黄緑であることから，座席のこと

をブドウに例える。

감자알
カムジャアル

☝【ジャガイモの粒】チケットサイト
「メロンチケット」の VIP 席また

は R 席の区分によく使われる色が薄い茶色であることから，

座席のことをジャガイモに例える。

빙판
ピンパン

☝【氷板】他の人が予約した座席が
すべて白く変わって購入できなく

なった座席表を凍り付いた地面にたとえたもの。

 類 눈밭〈雪の畑 (一面が雪)〉

떼창
テッチャン

☝【群れ＋唱】みんなで一緒に歌を
歌うこと。

싱어롱
シンオロン

↳【sing-along（シング・アロング）】。コンサートなどで観客が一緒に歌うこと。 類 떼창

응원법
ウンウォンポプ

↳【応援法】歌の前奏や間奏，合間などに，曲に合わせてファンが一緒に叫ぶ決まったフレーズやメンバー名のこと。

촬금
チャルグム

↳〈撮影禁止〉撮影禁止。

청불
チョンブル

↳〈청소년 관람 불가（青少年観覧不可）〉

필모
ピルモ

↳〈필모그라피（フィルモグラフィ）〉映画のクレジットのリスト。

폰딧불이
(ポンディップリ)

〈휴대폰+반딧불이（携帯電話+蛍）〉

暗い劇場の中で携帯を使い，携帯の光で他の観客の観覧の邪魔になる人。

직관
(チククァン)

〈직접 관람【直接観覧】〉実際に行って現場で観覧すること。

例 주말 경기 직관하려고 예매해뒀지：週末の試合 直観しようと思ってチケット買っておいた。

관크
(クァンク)

〈관객 크리티컬（観客クリティカル）〉

他の観客の観覧の基本的マナーにそぐわない行動により観覧を快適でなくすること。

例 오늘 영화보는데 누가 계속 옆사람한테 스포일러 관크해서 다 망침：今日映画見たんだけど，隣の人にネタバレ 관크 する人がいて台無し。

취수료
(チィスリョ)

〈취소 수수료〉キャンセル手数料。

例 양도하기 귀찮아서 그냥 취수료물고 취소했어：譲渡に出すの面倒だから 취수료 払ってキャンセルしたよ。

예대
イェデ

🎵 〈예매대기（**予買待機**）〉インター
パークチケットの「予買待機サー
ビス」。販売済みの席がキャンセルされた場合，このサービス
を申し込んだ人に優先的に購入の機会が与えられる。（グローバ
ルサイトには 2019 年 9 月現在ではない機能）

조조
チョジョ

🎵 〈조조할인（**早朝割引**）〉映画の 1
日の 1 番最初の上映会。

캐슷
ケスッ

🎵 〈캐스팅（**キャスティング**）〉配役。

관대
クァンデ

🎵 〈관객과의 대화（**観客との対話**）〉
演劇・ミュージカルで観客が作品
について俳優，演出家などに質疑応答したり話を聞いたりで
きるイベント。

| 애배 エベ | 〈애정 배우 (愛情俳優)〉本陣ほどではないが公演を見ると目が行く俳優。 |

| 치임 チイム | 〈치이다〉ほれる, はまる。
類 덕통사고 : 67 ページ |

| 무인 ムイン | 〈무대 인사 (舞台挨拶)〉 |

| 재관 チェグァン | 〈재 관람 (再観覧)〉 再観覧, あるいは再観覧を証明するチケットを意味する。 |

| 고속도로 コソクドロ | 【高速道路】客席の前方と後方の間にある通路。 |

취재예
チュィジェイェ

〈취소후 재예매（**取消し後再予買**）〉

一部のチケットサイトの機能。チケット購入時にクーポンの指定や配送先を間違えたり，振り込み期限を延長したい場合，この機能を使うとキャンセル後一定時間内に同じ座席のチケットが購入できる。

댕로
テンノ

〈대학로（**大学路**）〉大小の劇場が密集する街。

例 **표 없는데 퇴근하고 일단 댕로로 간다**：チケットないけど仕事終わったらとりあえず 댕로 に行く。

유기견
ユギギョン

【**遺棄犬**】本来の意味は「捨て犬」。見たい公演のチケットが入手できなかったものの諦めきれず，当日に会場の近くでチケット譲渡などを検索するも結局入手できず，行き場を失った人。

例 **오늘도 댕로 유기견 신세ㅜㅜ 집에 간다ㅜㅜ**：今日も大学路 유기견 の身分（泣）うちに帰る（泣）

시체관극
シチェグァングク

↳【死体観劇】まるで死体のように
じっと動かずに観覧すること。

광클
クァンクル

↳〈광속＋클릭（光速クリック）〉超
高速で連続してクリックすること。

메뚜기
メットゥギ

↳【バッタ《昆虫》】全席指定の会場
で空席をあちこち移動して見る人。

本来は他の人が購入した座席だから禁止されていることだが，
観覧マナーをよく知らない人などに見受けられる行為。

ここではテレビ・ラジオ番組に関する表現や主要な歌番組の略称などを集めてみました。

라됴
ラドョ

↷〈라디오 (ラジオ)〉

본방
ポンバン

↷〈본방송 (本放送)〉 番組またはその回が初めて放送される回のこと。

参 본방사수：107 ページ

재방
チェバン

↷〈재방송 (再放送)〉

삼방
サムバン

↷〈삼방송 (三放送)〉 再々放送。4回目以降は1文字目の数字を変えていく。 例 사방：再々々放送

먹방
モクパン

〈먹는 방송（食べる放送）〉食べる姿を見せる番組。

쿡방
ククパン

〈cook＋방송（クック＋放送）〉料理する姿を見せる番組。

녹화
ノックァ

【録画】番組の収録・撮影という意味でも使われる。

녹음
ノグム

【録音】ラジオ番組の収録，レコーディングという意味でも使われる。

類 밀녹：【密録】こっそり録音すること

방청
パンチョン

【傍聴】観覧。番組をスタジオで見ること。

✎ 番組に関する表現

방송
パンソン

👉【放送】放送，番組。

공방
コンバン

👉〈공개 방송（公開放送）〉観覧客が
いる収録番組。

사녹
サノク

👉〈사전 녹화（事前録画）〉ステージ
のセッティングやスケジュールな
どで生放送が難しい場合，事前に収録すること。

생방
センバン

👉〈생방송（生放送）〉

녹방
ノクパン

👉〈녹화 방송（録画放送）〉生放送で
はなく事前収録したもの。

결방
キョルバン

↴【欠放】スポーツ中継の延長などで，正規の放送時間に決められた放送をしないこと。

본방사수
ポンバンサス

↴【本放送死守】番組を録画や再放送ではなく，リアルタイムで見ること。

보라
ポラ

↴〈보이는 라디오 (見えるラジオ)〉ラジオの放送中の様子を生中継で見ることができるサービス。

다시보기
タシボギ

↴【また見る】放送済みのテレビ番組・**보라** などを見ることができるサービス。

다시듣기
タシトゥッキ

↴【また聞く】放送済みのラジオ番組が視聴できるサービス。

첫방
チョッパン

⇨ 〈첫 방송 (**初放送**)〉 初回放送。

막방
マクパン

⇨ 〈마지막 방송 (**最終放送**)〉 最終回。

웹드
ウェプドゥ

⇨ 〈웹 드라마 (**ウェブドラマ**)〉

엠카
エムカ

⇨ 〈엠카운트다운 (**Mカウントダウン**)〉

韓国で放送されている音楽番組の

名前。

뮤뱅
ミュベン

⇨ 〈뮤직뱅크 (**ミュージックバンク**)〉

韓国で放送されている音楽番組の

名前。

인가
インガ

🔖 〈인기가요（**人気歌謡**）〉韓国で放送されている音楽番組の名前。

음중
ウムジュン

🔖 〈음악중심（**音楽中心**）〉（K-POP の中心）韓国で放送されている音楽番組の名前。

쇼챔
ショチェム

🔖 〈쇼 챔피언（**ショーチャンピオン**）〉韓国で放送されている音楽番組の名前。

통편집
トンピョンジブ

🔖 〈통으로 편집（**丸ごと編集**）〉撮影したシーンが全部カットされること。

類 통편

악편
アクピョン

🔖 〈악마의 편집（**悪魔の編集**）〉番組に出演中の特定の個人または集団の印象が悪く見えるよう，意図的・否定的に編集すること。

反 천편

✎ 番組に関する表現

천편
チョンピョン

〈천사의 편집（天使の編集）〉 番組に出演中の特定の個人または集団の印象がよく見えるように意図的に肯定的に編集すること。

反 악편

○○디
○○ディ

〈○○ DJ〉 ラジオ番組を持っている人の愛称によく使われる。

넥윅
ネグィク

〈넥스트 위크 （ネクストウィーク）〉 音楽番組の次週予告画面。

방점
パンチョム

〈방송 점수（放送点数）〉 音楽番組でランキングの順位を決める項目の1つ。番組で放送された回数で点数が決定する。

렬리티
リョルリティ

〈리얼리티 프로그램〉 リアリティ番組。

광탈
クァンタル

☝〈광속 탈락（高速脱落）〉オーディション番組などで光の速度より早く脱落すること。

서바
ソバ

☝〈서바이벌 프로그램〉サバイバル番組。

고정
コジョン

☝【固定】番組のレギュラー出演者。

반고정
パンコジョン

☝【半固定】準レギュラー。

땜빵
テムパン

☝穴埋め。本来出演予定だった人が事情により出られない時に他の人が代わりに出演すること。

케백수
ケベクス

⤵ KBS（**韓国放送公社**）。韓国の放送局。

엠본부
エムボンブ

⤵ MBC（**文化放送**）。韓国の放送局。

類 마봉춘

스브스
スブス

⤵ SBS（**ソウル放送**）。韓国の放送局。

類 습스

ここでは SNS の種類や機能，アカウントなどに関する言葉を集めてみました。

스느스
スヌス

↳ SNS（エスエヌエス）。 슨스

아디
アディ

↳ ID（アイディー）。

비번
ピボン

↳〈비밀번호（秘密番号）〉パスワード。

프사
プサ

↳〈프로필 사진（プロフィール写真）〉

 인장

인장
インチャン

⤷ 【印章】SNS のプロフィール写真

のこと。　類 프사

헤더
ヘド

⤷ 【ヘッダー】

튓
ティッ

⤷ 〈トウィター（ツイッター）〉

짹
チェク

⤷ ツイッターのこと。ツイッター

のシンボルが鳥で，ツイッターの

アラーム音が鳥の鳴き声であることから擬声語 **짹짹**（ちゅんちゅ

ん）で表現。　類 짹짹이

트친
トゥチン

⤷ 〈트위터 친구（ツイッターの友達）〉

フォロワーを「友達」と表現した

もの。

| 실친 シルチン | ⤵ 〈실제 친구 (**実際の友達**)〉SNS 上の友達ではなく実生活の友達。 |

| 실트 シルトゥ | ⤵ 〈실시간 트렌드〉 ツイッターのリアルタイム・トレンド。 |

| 인별 インビョル | ⤵ 〈인+별(**星**)〉インスタグラム (인스타그램) のこと。英語の star と **스타** とをかけた表現。 |

| 인스 インス | ⤵ 〈인스타그램 스토리 (**インスタグラム・ストーリー**)〉 |

| 인라 インラ | ⤵ 〈인스타그램 라이브 (**インスタグラム・ライブ**)〉 |

인친
インチン

↘ 〈인스타그램 친구（**インスタグラムの友達**）〉 フォロワーを「友達」と表現したもの。

페북
ペブク

↘ 〈페이스북（フェイスブック）〉

類 얼굴책：얼굴（**顔**）＋책（**本**）

페라
ペラ

↘ 〈페이스북 라이브（フェイスブックライブ）〉

페친
ペチン

↘ 〈페이스북 친구（フェイスブックの**友達**）〉

인강
インガン

↘ 〈인터넷 강의（**インターネット講義**）〉 オンライン通信講座。

라방
ラバン

⤵ 〈라이브 방송 (ライブ放送)〉

임티
イムティ

⤵ 〈이모티콘 (イモティコン)〉 SNS

の絵文字，スタンプなどのこと。

단톡
タントク

⤵ 〈단체토크 (団体トーク)〉 グルー

プトーク，グループチャットのこと。

類 단톡방[一房] : 団体トークルーム

고독방
コドクパン

⤵ 【孤独房】カカオトークのオープ

ンチャットルームの一種。一切コ

メントなく対象の写真などのみアップロードし，共有および

鑑賞する匿名のチャットルームを指す。

反 안고독방〈否定の안+孤独房〉: コメントが許可されているオープンチャッ

トルーム

친추
チンチュ

↳ 〈친구 추가〈友達追加〉〉SNS の「友達になる」機能を使うこと。

類 팔로잉, 괄로잉

선팔
ソンパル

↳ 〈선+팔로우（先+フォロー）〉先にフォローすること。

맞팔
マッパル

↳ 〈마주(맞)+팔로우（相互＋フォロー）〉お互いにフォローし合うこと。

언팔
オンパル

↳ 〈언팔로우（アンフォロー）〉フォローをやめること。

블언블
プロンブル

↳ 〈블락 언블락（Block Unblock／ブロックアンブロック）〉あるアカウントをブロックした後，すぐにブロック解除するとお互いにフォローしていない状態に変わるという意味。 類 블블

럽스타
（ロブスタ）

👉〈러브＋인스타그램⇒럽스타그램

（**ラブスタグラム**）〉インスタグラム上

でカップルであることをオープンにし，アピールすること。

동결
（トンギョル）

👉【凍結】ツイッターのアカウン

ト名に「凍結」と書いてある場合，

一時的に使用停止していることを示す。氷や南京錠の絵文字

で示す場合もある。

반동결
（パンドンギョル）

👉【半凍結】ツイッターのアカウン

トを一時的に停止したり，ときど

き投稿すること。

타래
（タレ）

👉【糸の束, 塊】ツイッターである投

稿の下にスレッドになっている一

連の投稿のこと。

탐라
（タムナ）

👉〈타임 라인（**タイムライン**）〉

類 피드：フィード《インスタグラム》

계정
ケジョン
↳【訂定】SNS やメールなどのアカウントのこと。「○○계」は「～用のアカウント」という意味。 **例** 짤계：写真用アカウント，움짤계：GIF 用アカウント（**参** 움짤：171 ページ）

알계
アルゲ
↳〈익명의 트위터 계정（**匿名のツイッターアカウント**）〉。ツイッターでデフォルトのアカウント（卵のアイコン）を臨時に開設し，匿名で言いたいことを言いたい放題投稿することに使用。

공계
コンゲ
↳〈공식 계정（**公式アカウント**）〉

공트
コントゥ
↳〈공식 트위터（**公式ツイッター**）〉

욮카
オプカ
↳〈오픈 카카오톡（**オープンカカオトーク**）〉 カカオトークのオープンチャット。 **類** 욮챗：〈오픈채팅（**オープンチャット**）〉

리플
リプル

〈리플라이 (リプライ)〉

답멘
タムメン

〈답【答】＋멘트〉 コメントに返事をすること。

뎀
デム

〈디엠 (**DM**：ダイレクトメッセージ)〉

類 뎀

구독계
クドクケ

〈구독용 계정 (**購読用アカウント**)〉

ツイッターで複数のアカウントをフォローして，それらのアカウントの投稿を見て情報を得る目的のためだけに使用するアカウント。

양도계
ヤンドゲ

〈양도용 계정 (**譲渡用アカウント**)〉

ツイッターで物を譲渡する用途のみに使うアカウント。 類 판매계：販売アカウント

교환계
キョファンゲ

↪ 〈교환용 계정（交換用アカウント）〉
ツイッターで物を交換する用途の

みに使うアカウント。

번역계
ポニョクケ

↪ 〈번역용 계정（翻訳用アカウント）〉
海外ファンのためにアーティスト

の書き込みや情報を翻訳して投稿するアカウント。

포타
ポタ

↪ 〈포스타입（POSTYPE）〉 自分
で創作したウェブ小説やウェブ漫

画などのコンテンツを公開し，後援金を受けることのできる

プラットフォーム。

연성
ヨンソン

↪ ウェブ小説やウェブ漫画などの
コンテンツ（2次創作物，同人誌など含

む）を創作すること。日本の漫画『鋼の錬金術師』の「錬成（錬

金術を使うこと）」に由来。

関 연성러：錬成ラー（錬成する人）

인장방패
インチャンバンペ

各種 SNS で一番好きなメンバーを除く他のメンバー，嫌いなメンバーや芸能人をプロフィール写真に登録し，その人のファンのふりをして他のメンバーや芸能人を攻撃したり悪口を書き込むなどの行為をすること。

싸불
サブル

〈사이버 불링／cyber bullying〉ウェブ上で多数の人々が1人を攻撃すること。

계폭
ケポク

〈계정 폭파 (計定爆破)〉退会して使っていたアカウントを失くすこと。

例 루머 퍼뜨리길래 항의했더니 계폭했더라 : デマ流してたから抗議したら계폭してた。

플텍
プルテク

〈프로텍트 (プロテクト)〉アカウントを非公開にすること。

例 자꾸 쓸데없이 멘션이랑 쪽지보내서 일단 플텍걸었어 : メンションと DM が無駄にいっぱい来るからとりあえず플텍かけた（＝非公開にした）。

엄지척
オムジチョク

➭ 엄지（**親指**）を立てる様子。「いいね」を意味する。

마음
マウム

➭【**心, 気持ち**】インスタグラム，ツイッターの投稿に対して押すハート（いいね）のこと。

서이추
サイチュ

➭〈서로 이웃 추가（**お互いに隣人追加**）〉ネイバーブログの機能。

플초
プルチョ

➭〈프로필 초기화（**プロフィール初期化**）〉

비계
ピゲ

➭〈비공개 계정（**非公開アカウント**）〉

알티
アルティ

🔔 **[RT]** リツイート。

🅐 인알：〈인용＋알티〉引用リツイート

직알
チガル

🔔 〈직전＋알티（直前＋**RT**＝リツイート）〉 直前のリツイート。

읽씹
イクシプ

🔔 〈읽고 씹다（読んで無視する）〉 既読スルー。メッセージを読んだのに返事をしないこと。

새고
セゴ

🔔 〈새로고침（再読み込み・更新）〉 パソコン，スマホなどの画面上の情報が最新になるようにする機能。

🅔 티켓오픈에 맞춰서 새고했는데 차단먹었어：チケット発売時間に合わせて 새고 したんだけど，遮断された。《サイトによっては何度も更新する接続が強制的に切れるため》

| **복붙**
ポクブッ | 🖐 〈복사＋붙여넣기〉コピペ（コピー&ペースト）。 |

👍 覚えておくと便利な表現

　一般的な初級〜中級単語ですがファン活動をしながらよく見るものをまとめてみました。

★ **書き込む**：글을 올리다（直訳：文を上げる）

★ **写真を載せる・アップする**：사진을 올리다（直訳：写真を上げる）

★ **コメントする**：댓글(을) 달다 / 댓달다

★ **ダウンロードする**：다운받다（直訳：ダウン受ける）

★ （携帯・パソコンなどにデータを）**保存する**：저장하다（直訳：貯蔵する）

★ **ＦＦ外から失礼します。**：초면에 실례합니다.（直訳：初面に失礼します）

色々な感情や状態を表す表現を集めました。

핵 ヘク	🖖【核】「とても」を意味する。

왕 ワン	🖖【王】「とても，一番」を意味する。

짱 チャン	🖖「最高，大将」を意味する。

킹왕짱 キンワンチャン	🖖〈킹（King）＋ 왕（王）＋ 짱〉最高の中の最高。

레알
レアル

↳ real を見たとおりに読んだもの。

本当という意味。

헐
ホル

↳ 驚きを表す感嘆詞。

완소
ワンソ

↳〈완전 소중（完全に大切）〉非常に

大切だということ。

강추
カンチュ

↳〈강력 추천（強力推薦）〉イチ押し。

例 대학로 핫도그집 강추야 꼭 먹어：大学

路《地名》のホットドッグ屋さん，강추 だよ。絶対食べて。

비추
ピチュ

↳〈비 추천（非推薦）〉オススメし

ないという意味。

例 그 치킨집 비추야 눅눅한게 진짜 맛없어：あのチキン屋は 비추 だよ。べ

ちゃっとしててすごくマズい。

유잼
ユジェム

☞ 〈[有]＋재미 (面白い)〉

노잼
ノジェム

☞ 〈No＋재미 (面白くない)〉

존
チョン

☞ 〈존나〉 とても，すごくという

意味の俗語 (若者同士では広く使われて

いるが，目上の人に対して，または公では絶対に使わないような品のない言

葉。意味を理解するに留めて使わないのが無難)。존＋形容詞の語頭の

1字をとって使われることも多い。

존잘
チョンジャル

☞ 〈매우 잘생김 (非常にかっこいい)〉。

ハンサムだ。　 존잘러

존잘러
チョンジャルロ

💬 〈매우 잘생긴 사람 (非常にかっこ
いい人)〉 ハンサムな人。

존예
チョンニェ

💬 〈매우 예쁨 (非常にかわいい)〉。き
れいだ。 例 존예보스 : 〈예쁨이 보스
급이다〉 きれいさがボス級である

존귀
チョンクィ

💬 〈매우 귀엽다 (非常にかわいい)〉
類 졸커

존좋
チョンチョッ

💬 〈매우 좋다 (非常によい)〉
類 졸좋

존싫
チョンシル

💬 〈매우 싫다 (非常に嫌だ)〉

존많
チョンマン

⤵ 〈매우 많다 (非常に多い)〉

존무
チョンム

⤵ 〈매우 무섭다 (非常に怖い)〉

존부
チョンブ

⤵ 〈매우 부럽다 (非常に羨ましい)〉

존섹
チョンセク

⤵ 〈매우 섹시하다 (非常にセクシーだ)〉

존웃
チョンウッ

⤵ 〈매우 웃기다 (とても笑える／ウケる)〉

존맛
チョンマッ

⤵〈매우 맛있다 (とてもおいしい)〉

類 존맛탱, 존마틴, John Martin, JMT, 핵존맛

反 맛없음, 노맛, 핵노맛

존똑
チョントク

⤵〈매우 똑같다〉 とても似ている, 同じ。

극혐
クッキョム

⤵〈극도로 혐오스러움 (極度に嫌悪感を感じる)〉 例 와, 공연끝나고 팬들 쓰레기 안치우고 간거 봄? 진짜 극혐. : うわ, 公演終わってファンがゴミも片づけないで帰ったの? マジで極嫌。

텍혐
テッキョム

⤵〈텍스트를 보는것 만으로도 혐오스러움 (テキスト〔文章〕だけ見ても嫌悪感を感じる)〉 例 제목부터 텍혐이라 눌러보지도 않았어 : タイトルから텍혐だからクリックもしなかった。

심쿵
シムクン

⤵〈심장이 쿵하고 떨어지다 (心臓がどしんと落ちる)〉 心臓がドキッとすること。胸キュン。

멘붕
メンブン

👇〈멘탈 붕괴 (メンタル崩壊)〉

단호박
タノバク

👇단호박 (カボチャ) と단호하다 (断固だ) をかけた言葉遊びで，きっぱりと言い切る様子を表す。

최오
チェゴ

👇〈최고 (最高)〉「최고 (最高)」を同じ発音になるようにわざとスペルを変えたもので，意味は元と同じ。 類 체고，채고

갑분싸
カップンサ

👇〈갑자기 분위기가 싸해지다 (急に雰囲気が白ける)〉 類 갑분○○

까리하다
カリハダ

👇〈멋있다 (かっこいい)〉かっこいいという意味の方言。ラッパーのSimon Dominic がテレビ出演した際に使って流行した。

例 오늘 착장 완전 까리해 : 今日の衣装完全に 까리해。

구리다
クリダ

👉 質がよくない。ダサい。

例 **티저 진짜 구리다**：ティザー、マジで구리다。

귀염뽀짝
クィヨムポッチャク

👉 赤ちゃんみたいにかわいい。

類 큐티뽀짝, 쁘띠뽀짝, 뽀시래기

웃프다
ウップダ

👉 〈웃기지만 슬픔 (笑えるけど悲しい)〉

類 웃픔

쩔어
チョロ

👉 すごい、かっこいい、最高という意味の俗語。

갈말갈
カルマルカル

👉 〈갈까 말까 고민될때는 가야한다 (行くかどうか迷った時は行くべきだ)〉行かなければ結局、後悔するという意味。

類 **살말살**：買うかどうか迷ったら買うべきだ

배찢
ペッチッ

↩ 〈배가 찢어지다 (腹が裂ける)〉「いとこが土地を買ったらおなかが痛い (嫉妬する)」という諺から，羨ましくておなかが痛いどころか腹が裂けそうという意味。

例 오늘 나만 싸인회 못갔냐ㅜㅜ완전 배찢：今日私だけサイン会行けなかったの？ (泣) 完全に배찢。

마웨
マウェ

↩ 〈마이 웨이 (マイウェイ)〉 周りの目を気にせずに思いどおり (自分勝手) に行動すること。

넘나
ノムナ

↩ 〈너무나 (あまりにも, とても)〉 の略。

개꿀
ケックル

↩ 〈とても＋ハチミツ〉 すごく得をすること。「개」は強調の意味で使われる俗語。 **類** 개이득，꿀빨다 (**参** 138 ページ)

부스러기
プスロギ

↳【屑, 残りかす】 かわいい子どもや子ども時代を指す。大人が子どもみたいに可愛く見える場合にも使われる。 　類 뽀시래기

맴찢
メムチッ

↳〈마음이 찢어지게 아프다 (胸が引き裂かれる) の変化形〉 心が傷ついて胸が痛むこと。 　類 찌통

例 요한이 다친거 티 안내고 무대한거 완전 맴찢ㅜ：ヨハン, 怪我したのにそんな素振り見せないでパフォーマンスしたの完全に 맴찢 (泣)

낫닝겐
ナンニンゲン

↳〈낫+인간 (not + 人間)〉 外見や実力などが平凡な人間の水準を遥かに超えていて非人間的だということ。

정전
チョンジョン

↳【停電】 まるで停電したかのように掲示板に誰も書き込まず静かなこと。

例 오늘 왜 이리 정전이야 아무도 없음?：今日なんでこんな 정전 なの? 誰もいないの?

암전
アムジョン

🔊【暗転】非常に暗いこと。雰囲気，未来など様々なものに使われる。

例 여기 분위기 완전 암전이네 : ここの雰囲気超 암전 だね。

취향이 소나무
チィヒャンイソナム

🔊〈취향이 한결같다（葉が常に緑色の松のように，好みが一様だ）〉

둘기
トゥルギ

🔊〈비둘기（ハト）〉アーティストが契約期間が終わっていないのに契約解除訴訟を起こして所属事務所から逃げ出すことを飛んでいくハトに例えた表現。（芸能人について使われ，契約期間中にグループのメンバーとして忠実に活動しないで途中で脱退したメンバーや再契約しない場合には使わない）

類 런：〈Run〉契約不履行の状態で逃げること。芸能人だけでなく広い分野で使われる。逃げた人の前に 런 をつけて 런〇〇と呼ぶことも。

부둥부둥
ブドゥンブドゥン

👉 いかなる行動（肯定的・否定的とともに）をしても全部かわいい，よくやったと称賛すること。

例 연습 대충해도 맨날 부둥부둥해주니까 실력이 계속 퇴보하지：適当に練習してもいつも 부둥부둥 してあげるから実力が下がるばっかりなのよ。

극대노
クッテノ

👉 【極大怒】〈극도로 크게 분노함（極度に大きく憤慨する)）〉

무쓸모
ムスルモ

👉 〈【無】+쓸모（쓸모 없다の変形)）〉役に立たない，使い道がない。

꿀빨다
クルパルダ

👉 〈蜜を吸う〉楽に簡単に利益だけ得たり，いい思いをすること。

類 개꿀：135 ページ

썩소
ソクソ

🔗 〈썩은 미소 (腐った微笑)〉 苦笑い。

얼천
オルチョン

🔗 〈얼굴 천재 (顔が天才)〉 顔が非常に整っているという意味。

떡상
トクサン

🔗 〈떡+상 (大きく+上)〉 急激に上昇すること。ビットコインが流行った時に生じた用語。芸能人の人気や実力，認知度などが急激に上がった場合にも使う。

떡락
トンナク

🔗 〈떡+락 (大きく+落)〉 急激な下落。

딥빡
ティッパ

🔗 〈deep+빡치다 (腹が立つ)〉 とても怒っていること。

헬게
ヘルゲ

↷〈헬게이트（ヘルゲート）〉地獄の門。

例 헬게오픈：地獄の門オープン

찐
チン

↷〈진짜（本物）〉 反 짭

짭
チャプ

↷〈짝퉁（偽物）の変形〉 反 찐

참고막
チャムコマク

↷〈참된 고막（真の鼓膜）〉音楽の趣味がよいということ。

참각막
チャムカンマク

↷〈참된 각막（真の角膜）〉見る目があるということ。

예민보스
イェミンボス

👉 〈예민함이 보스급 **(敏感さがボス級)**〉

非常に敏感，反応が過剰。

例 야 내 응원봉만 예민보스냐? 건드리기만 해도 켜짐：ねぇ，私の応援棒（ペンライト）だけ예민보스なの？　ちょっと触っただけで点いちゃう。

격환
キョッカン

👉 〈격렬한 환영 **(激しい歓迎)**〉

類 격콴：격환 を発音どおりに表記したもの

엄근진
オムグムジン

👉 〈엄격 근엄 진지 **(厳格・謹厳・真摯)**〉

걸크
コルク

👉 〈걸 크러시 **(ガールクラッシュ)**〉

女の子が夢中になるような魅力を持っていること。ガールズグループのコンセプトとしても使われる。

틴크
ティンク

👉 〈틴 크러시 **(ティーンクラッシュ)**〉

ガールズグループ Weki Meki がデビューする際にグループのコンセプトとして作った用語。

착즙
チャクチュプ

🔖【搾汁】

① なけなしの魅力または情報を無理やり絞り出してファン活動すること。

② 涙を無理やり絞り出すこと。

例 새 소식이 너무 없어서 옛날 사진으로 한 달째 착즙 중이야：新しい情報があまりにもなくて昔の写真で1カ月も 착즙 中。

○○부심
○○ブシム

🔖〈○○ +자부심 （自負心）〉 ○○に対して自負心を持つこと。○○のファンとして自負心を持つ場合や，本人の能力や外見などを誇りに思っている場合に使う。

例 1등부심 부리지말고 겸손하라구：1位 부심 ひけらかさないで謙虚になれっつーの。

명존쎄
ミョンジョンセ

🔖〈명치를 매우 세게 때리고 싶다 （みぞおちをすごく強く殴ってやりたい）〉

他人の言動に強く不快感を感じていることを表す表現。

사기캐
サギケ

🔊 〈사기 캐릭터 (**チート〔詐欺〕キャ ラクター**)〉 他の人より色々な能力を

持っていて，詐欺みたいな (非現実的な) キャラだという意味。

例 노래도 랩도 춤도 다 잘하는데 작곡까지 하고 완전 사기캐네：歌もラップ

もダンスも全部上手いのに作曲までするなんて完全に 사기캐 だね。

뇌피셜
ヌェピショル

🔊 〈뇌+오피셜 (**脳+オフィシャル**)〉 自

分の考えが公式かのように話すこと。

例 니 뇌피셜말고 팩트만 제시해：あんたの 뇌피셜 じゃなくて事実だけ提示しな。

지피셜
チピシャル

🔊 〈지인+오피셜 (**知人+オフィシャル**)〉

関係者の知人から聞いた話 (事実でな

い場合も)。 **例** 지피셜에 의하면 오늘 도현이 스케줄 있어서 일찍 조퇴했다는데：

지피셜 によると今日ドヒョンがスケジュールがあって早退したらしいよ。

계자피셜
ケジャピシャル

🔊 〈관계자 + 오피셜 (**関係者+オフィ シャル**)〉 関係者を介して聞いた事

実(事実ではない場合も多い)。 **例** 내일 광고촬영있다고 계자피셜 떴다구：

明日広告の撮影あるって 계피셜 出たよ。

넘사벽
ノムサビョク

⏻〈넘을 수 없는 사차원의 벽（超えることのできない4次元の壁）〉非常に大きな格差がある。 **類** 넘사 **例** 태현이가 춤실력은 넘사벽 우위지 : テヒョンがダンスの実力は 넘사벽 で優位だよ。

한줌
ハンジュム

⏻팬덤（ファンダム＝ファンの集団）の規模が少なく一握りだという自嘲交じりの表現。 **類** 한꼬집, 한톨 : 한줌 より小さい単位

수납
スナブ

⏻【収納】事務所の意向で一切の活動もお知らせもない状態。

類 보석함 : 宝石箱

즙
チュプ

⏻【汁】涙のこと。涙を流すことを野菜や果物の汁を絞ることに例えたもの。 **例** 쟤 왜 또 즙짜 그만 좀 울어 : あの子なんでまた즙짜？ もう泣くのやめてほしい。

뒷북
ティップク

⏻ すでに時間が経ってみんな知っているコンテンツやニュースを後から持って来ること。太鼓を後から叩くという意味。

類 둥, 둥둥, 뚱 : 太鼓を叩く音で表現

계타다
ケタダ

☞ 偶然の機会や当選などによって有名人に会って話したり，写真を撮ったり，サインをもらうなどの幸運を体験すること。

例 오늘 냉면먹으러 갔는데 식당에 상균이 왔어 싸인받고 사진도 찍음 완전 계탐 대박：今日冷麺食べに行ったんだけど食堂にサンギュン来たの。サインもらって写真も撮った。完全に계탐。すごい。

오글오글
オグルオグル

☞ 恥ずかしくて体が縮こまるような感じ。

과즙상
クァジュプサン

☞【果汁相】果汁のような爽やかさを感じさせる顔。

유리멘탈
ユリメンタル

☞【ガラスのメンタル】心がガラスのように傷つきやすい繊細な人。

오조오억개
オジョオクケ

↷ 【五兆五億個】数が非常に多いこと。

 매력이 오조오억개야：魅力が オジョオ

億개 だよ。

세젤○○
セジェル○○

↷ 〈세상에서 제일 ○○ (**世界で一番**

○○)〉

類 세젤예：世界で一番きれい, 세젤귀：世界で一番かわいい

○○앓이
○○アリ

↷ 【○○**患い**】愛情を病に例えたもの。

드릉드릉
トゥルンドゥルン

↷ ぶるんぶるん (アクセルをかける

音)。何かするための準備を終えて,

すぐに始められる態勢であることを表す。

 굿즈 나오기만 하면 사려고 카드들고 드릉드릉하고 있는데 왜 안팔아：

グッズが出さえすれば買おうと ドゥルンドゥルン してるのに, なんで出さないの。

고급지다
コグプチダ

⤵ 高級な雰囲気がある。「고급스럽다」の俗っぽい表現。

例 앨범 디자인 완전 고급지다 : アルバムのデザイン，すごく 고급지다。

흐린눈
フリンヌン

⤵ 目をうっすら開けてぼんやりした感じで見るようにしてフィルターをかけ，外見・言動などの短所が見えないようにすること。

잇몸미소
インモムミソ

⤵ 〈歯茎+微笑み〉歯茎が見えるほどの特大の笑顔。

비글미
ピグルミ

⤵ 〈ビーグル+美〉ビーグルの子犬のように活発でいたずらっ子でかわいい魅力。

동공지진
トンゴンジジン

⤵ 【瞳孔地震】動揺して目が泳ぐこと。

○○갑
○○ガプ

⚡【○○甲】○○神。特定の分野で非常に優れた実力を見せる人の名前や愛称の後ろに付けて使う。某コミュニティのユーザーが野球のイ・ジョンボム選手をジョンボム神と書こうとしたが神を甲と書き間違えたことに由来する。

例 인성갑：人間性甲, 멘탈갑：メンタル甲

類 갓○○, ○○느님, ○○신

파파미
パパミ

⚡〈파도 파도 미담만 나온다〉掘っても掘っても美談ばかり出てくる。

反 파파괴

파파괴
パパグェ

⚡〈파도 파도 괴담만 나온다〉掘っても掘っても怪談ばかり出てくる。

反 파파미

ファン活動でグッズやチケットなどを購入する際に用いる言葉を集めました。

공구
コング

👉 〈공동 구매 (**合同購買**)〉

예판
イェパン

👉 〈예약 판매 (**予約販売**)〉

反 현판：現場販売

예매
イェメ

👉 【**予買／予売**】事前に買うこと，または予約販売。チケットを買う際にはこの単語を使うのが一般的。

예매처
イェメチョ

👉 【**予売処**】事前予約販売する場所・サイト。

신카
シンカ

🖐️〈신용카드（信用カード）〉クレジットカード。

무통
ムトン

🖐️〈무통장 입금（無通帳入金）〉振込み。

카결
カギョル

🖐️〈카드 결제（カード決済の略）〉

실결
シルキョル

🖐️〈실제로 결제함（実際に決済する)〉

購入手続き後，入金・決済をすること。

택포
テクポ

🖐️〈택배비 포함（宅配費含む)〉

関 운포 :〈운송비 포함（運送費込み)〉

택미포
テクミポ

👉〈택배비 미포함（**宅配費含まない**）〉

🔵 운미포：〈운송비 미포함〉：運送費別

착불
チャクプル

👉 着払い。

편택
ピョンテク

👉〈편의점 택배（**コンビニ宅配**）〉宅配のコンビニ受け取り。

댈구
テルグ

👉〈대리 구매（**代理購買**）〉購買代行。

🔴 구매대행：購買代行

직구
チック

👉〈직접 구매（**直接購買**）〉輸入販売している業者を通さずに，海外の販売者（販売サイト）から直接購入すること。

🔴 구매대행：購買代行

현매
ヒョンメ

〈현장 구매 (現場購買)〉コンサートやイベントの会場で買うこと。

배대지
ペデジ

〈배송 대행지 (配送代行地)〉海外から直接購入する場合，オンラインサイトで海外配送を扱ってない場合に現地の受け取り代行場所に品物を配送してもらい，そこから更に自分のところに配送してくれるサービスを行う業者などがある。その代理の宛先を指す。

취케팅
チィケッティン

〈취소표 + 티켓팅 (**取消票 + ticketing**)〉多くは，未入金でキャンセル処理されたチケットがサイトで販売される時間に改めて購入すること。サイト別に時間が異なる。 類 취켓팅，취켓

피케팅
ピケッティン

〈피 (**血**)＋**ticketing**)〉チケット購入希望者がとても多くてチケット争奪戦が熾烈なこと。

이선좌
イソンジュア

💬〈이미 선택된 좌석입니다（**すでに選択された座席です**）〉チケット購入手続きの際に，座席を選択した時に出るエラーメッセージ。

類 이선결，이결좌：すでに決済された座席のこと。

산책
サンチェク

💬〈산책（**散策，散歩**）〉随時チケットサイト「インターパーク（**参**公園：161ページ）」の残席の有無または状況を確認すること。

類 새벽산책：夜中の散歩，공원산책：公園（インターパーク）散歩

전진
チョンジン

💬【前進】キャンセルされたチケットを入手し，元々持っていた席よりも前のほうに行くこと。

표세탁
ピョセタク

💬【票洗濯】チケットの決済方法を変えたり新たに得たクーポンを使うためにチケットをキャンセルして，素早くまた取って決済すること。（チケットサイトによってはその間に他の人に持っていかれる危険性がある）

例 오늘 표세탁하다가 표날림ㅜㅜ：今日 표세탁 しようとしてチケット間違って手放しちゃった（泣）

초동
チョドン

【初動】CD 発売開始日から1週間の売り上げ枚数。

총판
チョンパン

〈총 판매량（総販売量）〉CD の売り上げ総数。

거파
コパ

〈거래 파기（取引破棄）〉

되팔렘
トェパルレム

〈되파는 사람（転売する人）〉グッズを価格を上乗せして転売することを目的に購入する人。

분철
プンチョル

【分綴】アルバムの付属品やフォトブックをシェアしたり販売するためにメンバー別に分けること。

팔이피플
パリピプル

〈販売＋ people〉販売する人。

類 파리피플

앱카드
エプカドゥ

〈app card〉クレジットカードのアプリ。

공인인증서
コンインインジュンソ

【公認認証書】インターネット決済する場合に本人認証のために利用する電子署名。

체카
チェカ

〈체크 카드 (チェックカード)〉デビットカード（決済時にすぐ口座から引き落とされるカード）。

본인인증
ポニンインジュン

【本人認証】インターネットサイトで加入時などに本人であることを確認する必要がある際に携帯電話，クレジットカードなどで認証すること。

플미
プルミ

🔔 〈프리미엄 (**premium** /プレミアム)〉

入手しにくい公演や人気公演のチケットや限定版商品などを購入して代金を上乗せして転売すること。

類 플미충 : 【플미＋虫】 플미を行う人に対する軽蔑を込めて呼ぶ言い方。

👍 チケット取り

　韓国のチケットサイトはほとんどの場合座席指定が可能で，人気公演ではよい席の争奪戦。出遅れてはいけないと，高い仕様のパソコンと高速インターネットを利用すべくネットカフェ（PC 방）で待機したり，サーバー上の時間を調べて１秒以下の誤差をも防いだり，ファンの努力は凄まじいです。キャンセルも可能で，購入日から，あるいは公演日までの日数によりキャンセル料が発生する場合がありますが，そうして出て来るキャンセルが出たチケットを求めて見逃さないように頑張るファンも。（外国人のサイト加入は本人名義の韓国の携帯番号による本人認証が必要な場合がほとんどです。外国人の登録用のチケットサイトを別途設けているサイトもありますが，一部公演はそちらでは発売されないなど制限的なのが残念なところです。）チケット発売日前後によく耳にするのが「イ・ソンジャ（이 선좌）」さん。これは争奪戦で負けた時に出るポップアップのエラーメッセージ「すでに選択された座席です。（이미 선택된 좌석입니다.）」の略語なのですが，音の感じが人名に似ているので人物に例えて使っている人が多く見受けられます。「今日だけはイ・ソンジャさんに会いたくない」「イ・ソンジャさんにばっかり１０回遭遇して全滅した」などと嫌われ者の「イ・ソンジャさん」。私もできればお会いする機会なく過ごしたいものですが，残念なことに相性抜群なようです。

ここではファン活動をする際に活用されるパソコンや携帯，アプリ，よく使われるサイトの略称などを集めてみました。

놋북
ノップク

↳〈노트 북（**ノートブックの略**）〉。ノートパソコンのこと。　類 낟북

노동북
ノドンブク

↳〈노동용 노트북（**労働用ノートパソコン**）〉。複数サイトのストリーミングを同時に行ったり動画ストリーミングを絶え間なく行う用途のパソコン。　類 로동북

맛폰
マッポン

↳〈스마트 폰（**スマートフォン**）〉

안드
アンドゥ

↳〈안드로이드폰（**アンドロイド携帯**）〉

사과폰
サグァポン

⤵ 〈リンゴ＋ **phone**〉iPhone のこと。

우주폰
ウジュポン

⤵ 〈우주＋폰（**宇宙**＋ **phone**）〉 サム

ソン・ギャラクシーのスマホ。

例 덕질은 우주폰이지：ファン活動には 우주폰 だよね。

블투
ブルトゥ

⤵ 〈블루투스（**Bluetooth** ／ ブルー

トゥース）〉

와파
ワパ

⤵ 〈와이파이（**Wi-Fi**）〉

일러
イルロ

⤵ 〈일러스트레이터〉Ａｄｏｂｅ の

グ ラ フ ィ ッ ク デ ザ イ ン ソ フ ト

イラストレーター
「Illustrator」のこと。

뽀샵
ポシャプ

👉〈포토샵〉Adobe の画像編集ソフト「Photoshop」のこと。転じて, 画像補正のことを意味する場合もある。

🔴 토토샵 / 포샵　🟠 뽀샵을 너무 했네 완전히 다른 사람인데 ㅋㅋ : 뽀샵やりすぎだよ。完全に別人だし（笑）

보배
ポベ

👉〈보조 배터리（補助バッテリー）〉

앱
エプ

👉〈어플리케이션（アプリケーション）〉アプリ。

초록창
チョロクチャン

👉【緑色窓】韓国のポータルサイト「NAVER（네이버）」のこと。

파란창
パランチャン

⚡ 〈青い窓〉ポータルサイト「Daum（다음_{ダゥム}）」のこと。

서수
ソス

⚡ 〈서양 수박（西洋スイカの略）〉デジタル音源配信サイト「Melon（멜론_{メロン}）」のこと。

램프
レムプ

⚡ 〈램프（ランプ）〉。デジタル音源配信サイト「Genie_{ジニー}」のこと。

네뮤
ネミュ

⚡ 〈네이버 뮤직（ネイバーミュージック）〉デジタル音源配信サイトの略称。

소바
ソバ

⚡ 〈소리바다（ソリバダ）〉音楽ストリーミング会社の略称。

벌레
ポルレ

👇【虫】デジタル音源配信サイト
「Bugs Music (벅스뮤직)」のこと。

공원
コンウォン

👇【公園】チケット販売サイト
「Interpark」のこと。

인팍
インパク

👇〈인터파크 (インターパーク)〉
「Interpark」の略称。

그래
クレ

👇 그래は「そうなの《あいづち》」
の意味。転じてチケット販売サイ
ト「YES24」のこと。　類 예사 / 그래24

지시장
チシジャン

👇【G市場】チケット販売サイト
「Gmarket」のこと。

멜티
メルティ

♬〈멜론 티켓 (メロンチケット)〉 チケット販売サイト「Melon티켓」のこと。

유튭
ユテュプ

♬〈유튜브〉世界最大の動画共有サービス YouTube のこと。

類 너튭：유튭の유（You）を韓国語（너：君・お前）に訳した形

가위앱
カウィエプ

♬〈브이앱〉VLIVE アプリのシンボルである V マークがじゃんけんのチョキ（가위：ハサミ）の形と同じことから。

싸클
サクル

♬〈사운드 클라우드 (サウンドクラウド)〉音楽ファイル共有サービス「SoundCloud」のこと。　類 사클

아챔
アチェム

♬〈아이돌 챔프 (アイドルチャンプ)〉音楽番組「SHOW CHAMPION」の投票アプリの名前。

네캐
ネケ

👇〈네이버 캐스트 (**ネイバー・キャスト**)〉

ポータルサイト NAVER の機能

の1つである NAVER TV にアップロードされる動画のこと。

NAVER TV の以前の名称の NAVER CAST（네이버 캐스트）

の略称が名称変更されてからも使用されている。

에타
エタ

👇〈에브리 타임 (**エブリタイム**)〉大

学生専用アプリ。在学生であるこ

とを証明すると利用でき，時間割やスケジュール管理，情報

共有，匿名掲示板の利用などが可能。

번장
ポンジャン

👇〈번개 장터〉中古品の販売サイト。

類 당근 마켓, 중고나라

ここでは各種コンテンツ，アイテムなどに関する
言葉を集めました。

음반
ウムバン

【音盤】CD のこと。

음원
ウモン

【音源】オンラインで発売される

楽曲。デジタル音源。

키노앨범
キノエルボム

【KIHNO ALBUM】専用アプリ

で再生するスマホ用のデジタルア

ルバム。 類 키트 앨범 （KIT ALBUM）

○집
○ジプ

【○集】○枚目のアルバムという

意味。

티저
ティジョ

⤵【ティーザー】予告動画。

타이틀곡
タイトゥルゴク

⤵【タイトル曲】アルバムの中から活動曲として選ばれた曲。リード曲。

뮤비
ミュビ

⤵〈뮤직 비디오（ミュージックビデオ）〉MV とも。プロモーションビデオ（PV）のこと。

오슷
オスッ

⤵〈오리지날 사운드 트랙（オリジナルサウンドトラック）〉OST。 類 오슭

플북
プルブク

⤵〈프로그램 북（プログラムブック）〉パンフレット。

시그
シグ

↷ 〈시즌 그리팅 (シーズン・グリーティング)〉

풀영상
プリョンサン

↷ 【フル映像】 フル動画。

類 노컷영상 : ノーカット映像

컷본
コッポン

↷ 【カット本】 長い動画の一部，または複数の動画のある部分だけ切り取って編集した動画。

썸넬
ソムネル

↷ 〈썸네일 (サムネイル)〉

플뷰
プルビュ

↷ 〈프리뷰 (プレビュー)〉 미리보기 とも言う。 類 끌뷰, 끄리뷰

브금
プグム

🔶 BGM。

프로모
プロモ

🔶 〈프로모션 (プロモーション)〉

탐테
タムテ

🔶 〈타임 테이블 (タイムテーブル)〉

公式アカウントで発表されるアルバムや音源発表前に, ティザー公開日程や予約販売スケジュールなどをまとめたもの。

공굿
コングッ

🔶 〈공식 굿즈 (公式グッズ)〉

類 MD　反 비공굿：非公式グッズ

포카
ポカ

🔶 〈포토 카드 (フォトカード)〉

반슬
パンスル

〈반사 슬로건（反射スローガン）〉

スローガンとは紙やタオルに写真や名前を印刷したもの。反射スローガンはライトに当たると反射して光るので通常のスローガンよりも目立つ。

플카
プルカ

〈플래카드（プラカード）〉手作りの応援用パネル。

배너
ペノ

【バナー】スタンドを立てて張る、主に縦長で写真などが印刷された布。

폴라
ポルラ

〈폴라로이드 사진（ポラロイド写真）〉

전차스
チョンチャス

〈전자파 차단 스티커（電磁波遮断ステッカー）〉

넴스
ネムス

⤴ 〈네임 스티커 (ネームステッカー)〉

ネームシール。

띠부띠부씰
ティブティブシル

⤴ 貼ったりはがしたりできるステッカー。**띠** は **떼다** (はがす)，**부** は **붙이다** (付ける) の変形。

떡메
トンメ

⤴ 〈떡 메모지 (餅+メモ用紙)〉 上部が接着剤でまとまっていて1枚ずつはがして使うタイプのメモ用紙 (メモの裏面には接着機能がないもの)。

브마
ブマ

⤴ 〈브로마이드 (ブロマイド)〉

렌티
レンティ

⤴ 〈렌티큘러 (レンチキュラー)〉 上下または左右に動かすと異なる2種類の絵柄が見える印刷物。 **類** 렌큘

폰케
ポンケ

⤷ 〈핸드폰 케이스 (携帯ケース)〉

솜뭉치
ソムムンチ

⤷ 【綿の塊】ぬいぐるみのこと。特定の芸能人のぬいぐるみを制作する際に使う言葉。

득템
トゥクテム

⤷ 〈득＋아이템 (得＋アイテム)〉グッズなどをゲットする，手に入れること。

스샷
スシャッ

⤷ 〈스크린샷 (スクリーンショット)〉

항공샷
ハンゴンシャッ

⤷ 〈항공＋샷 (航空＋ショット)〉舞台を撮影する角度のうち，空中から垂直に下に向かって撮影することを指す。食べ物を真上から撮った写真を指すことも。

짤
チャル

↳ ネット上の写真を表す。本来は, コミュニティの掲示板で画像添付のない書き込みが自動削除されることがあったため, 削除防止 (짤림방지, 짤방) 用に利用する画像のことを指した。

움짤
ウムチャル

↳ 〈움직이는 짤 (**動く写真**)〉 動く GIF ファイル。

플짤
プルチャル

↳ 〈플래시 짤〉 動いて音が出る Flash ファイル。

혐짤
ヒョムチャル

↳ 〈혐오스러운 짤〉 嫌悪感を与える写真。嫌いな人, 好みに合わない物の写真のこと。

짤줍
チャルチュプ

↳ 〈짤＋줍다 (**拾う**)〉 写真を保存すること。 **類** 줍줍

짤털
チャルトル

👉 〈짤＋털다 (全部出す)〉 持っている写真を何枚も投稿して他のユーザーと共有すること。

화질구지
ファジルグジ

👉 画質が非常に悪いこと。

몰찍
モルチク

👉 〈몰래 찍다 (こっそり撮る)〉 隠れて写真や動画を撮ること。 **類** 몰카

집찍
チブチク

👉 〈집에서 찍다 (家で撮る)〉 家でテレビの画面を撮った写真。

직찍
チクチク

👉 〈직접 찍다 (直接撮る)〉 現場で直接撮った写真。

직캠
チッケム

👉〈직접 찍은 캠코더 영상（**直接撮っ たカムコーダ映像**）〉 直接撮影した動画。（カムコーダ：ビデオカメラと VTR が一体化した映像記録装置）

類 팬캠：ファンが撮影した動画

댈찍
テルチク

👉〈대리（**代理**）＋찍사〉 対価を受け取り代わりに撮影する行為または人物。 参 찍사：23 ページ 類 대리찍, 대리캠

직찰
チクチャル

👉〈직접 촬영（**直接撮影**）〉 ファンが自分で撮影したという意味。

대포
テポ

👉【**大砲**】高画質の写真を撮る人。 大きなレンズを装着したカメラで写真撮影する姿がまるで大砲を打つように見えることから。

類 머포

과질
クァジル

👉〈고화질（**高画質**）〉高画質の写真・動画。

고퀄
コクォル

👇〈고 퀄리티 (高＋**クオリティ**)〉 ク
オリティが高い。

저퀄
チョクォル

👇〈저 퀄리티 (低＋**クオリティ**)〉 ク
オリティが低い。

기차
キチャ

👇【汽車】資料をダウンロードでき
るリンクを作って先着順や期間限
定で共有すること。　類 칙폭：汽車が走る音に例えたもの

가지
カジ

👇〈곁가지＋새끼치다 (**枝**＋**繁殖する**)〉
기차 のダウンロード可能人数が不
十分な時に，ダウンロードした人が更にリンクを作って共有
すること。

빨래
パルレ

👇【洗濯】写真を補正する。または，
画質の粗い写真の高画質バージョ
ンを探してくること。

크롭
クロプ

🔖【クロップ】写真を切り取ること。

トリミング。主に，写真をアップ

するアカウントなどに許可なくクロップすることを禁止する

という文言が書かれている。　**例** 주인 허락없이 사진 맘대로 크롭

하지마：所有者の許可なく写真を勝手に 크롭 しないで。

남친짤
ナムチンチャル

🔖 現実の彼氏の写真のような雰囲

気のある芸能人の写真。

인소
インソ

🔖〈인터넷 소설（インターネット小説）〉

로설
ロソル

🔖〈로맨스 소설（ロマンス小説）〉

コンテンツ・アイテムに関する表現

팬알
ペナッ

☝〈팬아트（ファンアート）〉

팬픽
ペンピク

☝ ファンが書いたフィクションの

小説や漫画。 類 괜픽

👍 アーティストの呼称

　昔は，日本でも活躍していた歌手チョー・ヨンピルさんのファンを「オッパ（お兄さん）部隊（오빠 부대）」と呼んだそうですが，「男性アーティストのファン＝年下の女性」という固定観念があったように思います。最近は「ヌナ（男性から見たお姉さん）ファン（누나 팬）」や「イモ（おばさん，お母さんの友達）ファン（이모 팬）」など，年上のファンが増えたり性別にかかわらずファン活動をすることも多くなってきました。韓国では実の兄弟姉妹や親せきではない相手にも親しみを込めて家族関係を表す呼称を使うことがありますが，その使い分けによって性別や年齢が明確化されてしまうことは，年齢にかかわらずファン同士対等な関係性でありたいとか，個人情報の露呈を避けたいという人達の考えに反するもので，SNSやオンライン・コミュニティでのファン活動が活性化されている現代のファン文化にそぐわないようです。日本語では「〜さん」という便利な呼称がありますが，韓国語の「〜さん（씨）」は目上の人に使うのは失礼になってしまい，ファン同士に限定されずオンライン上の交流が活性化してからは「〜様（님）」が幅広く使われるようになってきました。そのため，オンライン・コミュニティの中ではアーティストやファン同士の呼称が「〜様（님）」に限定されている場合もあります。（コミュニティによってルールは違いますので必ずではありません）

ここでは，ファッションやヘアスタイル，メイクアップ，外見などを描写する表現を集めました。

착장
チャクチャン

⇨【着装】衣装など。

메컵
メコプ

⇨〈메이크업（メイクアップ）〉

풀메
プルメ

⇨〈풀 메이크업（フルメイク）〉

쌩얼
センオル

⇨〈생＋얼굴（生＋顔）〉すっぴん，ノーメイク。

類 민낯：すっぴん，노메：ノーメイク

✎ **外見に関する表現**

헤메코
ヘメコ

♬〈헤어, 메이크업, 코디〉ヘアメイク, メイクアップ, スタイリスト（コーディネーター）。またはコーディネート。各担当者の総称または, 全体的なコーディネートを意味する。

완깐
ワンカン

♬〈완전히 깐 앞머리（**完全にむき出しの前髪**）〉前髪のスタイルの1つ。

額が完全に見える髪型。

반깐
パンカン

♬〈반만 깐 앞머리（**半分だけむき出しの前髪**）〉前髪のスタイルの1つ。

額が半分だけ見える髪型。

덮
トプ

♬〈덮은 앞머리（**覆った前髪**）〉前髪のスタイルの1つ。額が前髪に覆われて見えない髪型。　**類** 완덮：完全に前髪で額が隠れる髪型

쉼표머리
シィムピョモリ

♬「, （カンマ）」の形のような前髪のスタイル。

병지컷
ピョンジコッ

👉 〈김병지+헤어커트（**キム・ビョンジ+ヘアカット**）〉有名なサッカー選手キム・ビョンジのヘアスタイル。全体的に短いが襟足は長い髪型。

똑단발
トゥクタンバル

👉 切りっぱなしボブ。毛先をザックリ切ったようなスタイルのボブカット。

단발병
タンバルビョン

👉【短髪（ボブ）病】髪の毛がちょっとでも伸びるとボブヘアにしたくなって耐えられないこと。または自分には似合わないことを知りつつも，有名人のボブヘアを見て真似したくなること。

뿌염
プヨム

👉 〈뿌리 염색（**根っ子カラーリング**）〉

자차
チャチャ

👉 〈자외선 차단제（**紫外線遮断剤**）〉コスメマニア用語。一般的には「自分が所有する自動車」という意味の単語。

골무
コルム

⇨ ビーニー帽（つば無しのニット帽）。

帽子をかぶった様子が指ぬき（골무）

を指にはめている形に似ていることから。

무쌍
ムッサン

⇨ 〈無+쌍꺼풀 (二重)〉 一重まぶた

（二重がない）。

유쌍
ユッサン

⇨ 〈有+쌍꺼풀 (二重)〉 二重まぶた。

속쌍
ソクサン

⇨ 〈속쌍꺼풀〉 奥二重。

쌍수
サンス

⇨ 〈쌍꺼풀 성형수술 (二重の整形手術)〉

인간 구찌
インガングッチ

👉【人間グッチ】グッチの衣装を完璧に着こなす人。

인간 샤넬
インガンシャネル

👉【人間シャネル】シャネルの衣装を完璧に着こなす人（BLACKPINK のジェニーの愛称）。

손이○○
ソニ○○

👉〈손님 이건 ○○예요（**お客様, これは○○です**）〉芸能人の髪型やメイク, 服装を真似ようとしている人に対して専門店の人が「これは○○だからこうなる（かわいい・かっこいい・似合う・許される）のです」と説明するセリフ。転じて,「同じ服を買いたい」「この髪型したい」などと書き込んでいる人に対するコメントとして使われるようになった。○○に芸能人の名前やその一部が入る。

例 손이고:〈손님 이건 고데기예요〉お客様, これはヘアアイロンです《カットやパーマではできないヘアスタイルだという意味》

착붙
チャクプッ

♬〈착 붙었다（ピッタリくっついた）〉

衣装やコンセプトなどが非常によく合って「ピッタリ」という意味。 **例** 오늘 의상 완전 착붙이네

잘 어울려：今日の衣装完全に 착붙 だね。よく似合ってる。

화떡
ファットク

♬〈화장을 떡칠하다（化粧をこてこてに塗る）〉厚化粧。

와꾸
ワク

♬ 顔，外見。

촛농
チョンノン

♬ 肌がたるんでいること。溶けて流れるろうそくに例えた表現。

골좁이
コルジョビ

♬〈골반이 좁은 사람〉骨盤が狭い人。

어깡
オッカン

⤵ 〈어깨 깡패 (肩が暴力団)〉肩幅が とても広い人を指す。

어좁이
オジョビ

⤵ 〈어깨가 좁은 사람 (肩幅が狭い人)〉

대갈장군
テガルジャングン

⤵ 〈대가리 (頭《俗語》) +장군 (将軍)〉 頭がとても大きい。

오징어
オジンオ

⤵ 【イカ】顔が不細工という比喩。

例 원빈 옆에 있으니까 오징어같다：ウォ ンビンの隣にいるから 오징어 みたい。

꾸안꾸
クアンク

⤵ 〈꾸민 듯 안 꾸민 듯 (着飾ったよ うな着飾っていないような)〉ナチュラ ルに見える露骨でないおしゃれやメイクなどのこと。

一般的に広く使われる日常の表現を集めました。

맛점
マッチョム

⟨점심 맛있게 드세요⟩ おいしい昼食を食べてください。

맛저
マッチョ

⟨저녁 맛있게 드세요⟩ おいしい夕飯を食べてください。

생축
センチュク

⟨생일 축하해⟩ お誕生日おめでとう。

굿밤
グッパム

⟨Good +夜⟩ よい夜を。おやすみ。

즐감
チュルガム
🎵 〈즐거운 감상〉楽しい鑑賞を。

쩍벌
チョクポル
🎵 〈(다리를) 쩍 벌리다 (脚をがばっと開く)〉股を大きく開いて座る, または立つ。

마상
マサン
🎵 〈마음의 상처〉心の傷。

類 맴찢

例 뭐? 바보같다고? 완전 마상 : 何?　バカみたいって?　すごい傷ついた。

짠내나다
チャンネナダ
🎵 〈짠 냄새가 나다 (しょっぱい匂いがする)〉涙のしょっぱい匂いがするという意味。涙が出るということ。

○○무룩
○○ムルク
🎵 人名と「시무룩하다 (すねた顔・不満顔をする)」を組み合わせて, その人の表情を表す。例 켄무룩〈켄타+시무룩〉

광대승천
クァンデスンチョン

👉 〈광대뼈+승천（頬骨＋昇天）〉満面の笑みを比喩的に表現したもの。

嬉しくて頬骨が空に飛んでいきそうな笑顔になる。

케미
ケミ

👉 〈케미스트리（ケミストリー）〉化学反応。特定の組み合わせで生じる特別な魅力。

例 꿀케미：〈ハチミツ＋ケミストリー〉캐미 が非常によい。

웃음지뢰
ウスムジレ

👉 【笑い地雷】特定のポイントを見たり思い出しただけで笑ってしまうこと。

추팔
チュパル

👉 〈추억팔이（思い出売り）〉過去の出来事などを思い返しながら話すこと。

칭찬감옥
チンチャンカモク

👉 【称賛監獄】複数の人が1人の人を囲んで休みなく称賛して，抜け出せなくなること。

공내
コンネ

↳〈공항 내 (空港内)〉 反 공외

例 공내머포：【空内大砲】空港で出入国する

有名人の写真を撮る人

공외
コンウェ

↳〈공항 외 (空港の外)〉 反 공내

낄끼빠빠
キルキパッパ

↳〈낄때 끼고 빠질때 빠진다 (入る

べき時に入り抜けるべき時に抜ける)〉 自

分が関わるべきかどうか状況判断しながら行動する。

흑역사
フギョクサ

↳【黒歴史】他人に見せるのが恥ず

かしい過去。

영고
ヨンゴ

↳【永苦】〈영원히 고통받다 (永遠に

苦痛を受ける)〉

깊티
キプティ

🔖 〈기프티콘〉モバイル商品券。

🌐 깊콘, 깊티콘

뒷풀이
ティップリ

🔖 打ち上げ。

열일
ヨルリル

🔖 〈열심히 일하다 (一生懸命働く)〉

実際に働く場合だけでなく，「얼굴이 열일했다 (顔が頑張る＝かっこよかった)」のような使い方もされる。　🌐 열공 : 一生懸命勉強する

투명하다
トゥミョンハダ

🔖 【透明だ】ある言葉や行動をする時，隠れた意図が露骨に見えることを表す。

○○들짝
○○ドゥルチャク

🔖 〈○○ ＋(화)들짝〉○○が飛び上がって驚く様子。

🌐 개들짝 : 犬が驚いている写真につけられるタイトルやコメント

○○ドゥリプ

〈○○ + 애드립 (○○+アドリブ)〉

○○に関する，もしくは○○風の

冗談。ギャグ。

팩폭
ペクポク

〈팩트폭력 (ファクト暴力)・팩트

폭행 (ファクト暴行)〉事実を示すこ

とで相手にダメージを与えること。　**類** 팩트폭격：〈ファクト爆撃〉

爆撃レベルで相手にファクトを突きつけ攻撃する

뼈때린다
ピョテリンダ

〈뼈(骨) + 때리다 (叩く)〉骨を

叩かれたように痛い。つまり「痛

いところを突かれる」という意味。

역변
ヨクピョン

【逆変】かわいかったのに，成長

と共に段々かわいくなくなること。

例 어릴 때는 이뻤는데 왜 이렇게 역변했냐：小さい時はかわいかったのに，

どうしてこんなに 역변 したの。

정변
チョンビョン

【正変】かわいかったのが成長し

てもそのままかわいい，またはま

すますかわいくなること。

순삭
スンサク

〈순식간에 삭제 (**一瞬で削除**)〉素早く食べ物を平らげたり, 物を持っていったりすること。一瞬で売り切れること。**例** 잠깐 뮤비만 보려고 했는데 두시간 순삭 : ちょっと MV だけ見ようと思ったのに2時間 순삭。

포텐
ポテン

〈포텐셜 (**ポテンシャル**)〉潜在力。**例** 수지 요즘 미모 포텐 터진듯 너무 예뻐 : スジ, 最近美貌 포텐 はじけたみたい。すごくキレイ。

솔까말
ソルカマル

〈솔직히 까놓고 말하다 (**正直に包み隠さず話す**)〉

例 솔까말 우린 다 돈때문에 하는거야 : 솔까말, 私達はみんなお金のためにやってるんだ。

월도
ウォルド

〈월급＋도둑 (**月給＋泥棒**)〉業務時間に仕事をしないで遊んで過ごすこと。**類** 월루 : 〈월급루팡 (**月給ルパン**)〉

텅장
トンジャン

〈텅텅 빈 통장 (**空っぽの通帳**)〉**例** 연달아 공연예매했더니 텅장이야 : 連続して公演のチケット取ったら 텅장 だよ。

등짝 스매싱
トゥンチャクスメシン

〈背中スマッシュ〉叱られて背中を バンバン叩かれること。

카더라
カドラ

人から聞いた話を言うときに 「○○ 했다 카더라」ということか ら，信用できる知人から聞いたように話すゴシップ。

類 찌라시

중2병
チュンイビョン

中２病。思春期にありがちな 思想，行動を揶揄する俗語。

삽질
サプチル

頑張ったのに得たものが何もな いこと。

고소미
コソミ

告訴すること。**고소미** という 名前のお菓子にかけて言葉遊びで 使われていたのが定着した。 **例** 이러다 고소미 먹겠다 ㅎㄷㄷ：こ んなことしてたら 고소미 食べることになるよ。ガクブル。

강약약강
カンニャンニャンカン

🔖 【強弱弱強】 強い人には弱く，弱い人には強く当たる卑怯な人。

갑툭튀
カプトゥクティ

🔖 〈갑자기 툭 튀어나옴（急にぽっと出てくる）〉 **類** 갑툭 **例** 그 장면에서

좀비가 갑툭튀해서 진짜 깜짝 놀랐어：あの場面でゾンビが갑툭튀して本当にビックリした。

노○○
ノ○○

🔖 〈No ○○（○○がない）〉

例 노답：〈답이 없다（答えがない）〉どうしようもない，**노이해**：理解できない，**노관심**：関心がない

빼박
ペバク

🔖 〈빼도 박도 못하다（逃げ道がない）〉

類 빼박캔트〈빼박＋can't〉

例 루머라더니 인증샷때문에 빼박이네：ガセネタだって言ってたのに認証ショット《証拠写真のこと》のせいで빼박だね。

1도 모른다
イルドモルンダ

🔖 まったく何も知らないことを表す「하나도 모른다（ひとつも知らない）」の変形。外国人タレント，ヘンリーの発言から流行語に。

매너손
メノソン

↬ 〈매너 (있는) 손 (マナーのある手)〉

男性芸能人が女性芸能人との演技やパフォーマンスなどで身体的接触が必要な場合にふりだけして実際の接触を最小化するために努力すること。

매너다리
メノダリ

↬ 〈매너 (있는) 다리 (マナーのある脚)〉

隣の人と高さを合わせるため，背の高い人が足を大きく開いたり屈んでくれること。

인생○○
インセン○○

↬ 【人生○○】人生の中で最高レベルの○○。

 인생샷：人生ショット（写真），인생영화：人生映画，인생음식：人生食べ物

썰
ソル

↬ 〈설 (説)〉話。

 진짜? 어디서 봤는데? 썰 좀 풀어봐! ：本当に？ どこで見たの？ 話してみてよ！

통수
トンス

↬ 〈뒷통수 치다〉信じていた人に裏切られる。

✎ 日常の表現

빵터지다
パントジダ

👉 思わず笑ってしまう，爆笑する。

몰빵
モルパン

👉 1人または1か所に全部集中させること。　類 올인：オールイン

例 혼자만 조명 몰빵했어? 왜이렇게 얼굴이 하얘 : 1人だけ照明 몰빵 したの？ なんで顔こんなに白いの？

표정관리
ピョジョンクァルリ

👉 【表情管理】感情が表に出ないように気を付けること。

類 자본주의 미소〈資本主義微笑〉，포커페이스〈ポーカーフェイス〉

대프리카
テプリカ

👉 〈대구（大邱）＋아프리카（アフリカ）〉
夏に韓国で最も暑い都市「大邱」をアフリカに例えたもの。

끼리끼리
キリキリ

👉 同じような性格。似た者同士。
類 유유상종

例 다 끼리끼리 노는거야 : みんな 끼리끼리 遊ぶもんだよ。

역세권
ヨクセックォン

🖐【駅勢圏】駅近。

맥세권
メクセックォン

🖐〈맥도날드＋역세권（マクドナルド＋駅近）〉 マクドナルド配達可能エリア。

스세권
スセックォン

🖐〈스타벅스＋역세권（スターバックス＋駅近）〉 スターバックスが近くにあるエリア。

덕세권
トクセックォン

🖐〈덕질＋역세권（駅近）〉ファン活動がしやすい放送局近隣に住んでいることを表す。  덕질：41ページ

과사
クァサ

🖐〈과거 사진（過去の写真）〉 主にデビュー前の写真のこと。

졸사
チョルサ

⤵ 〈졸업 사진 (**卒業写真**)〉 卒業アルバムの写真。

🟣 증사 (증명사진)：証明写真

셀카
セルカ

⤵ 〈셀프 카메라 (**セルフカメラ**)〉 自撮り写真のこと。

포잇
ポイッ

⤵ 〈포스트잇 (**ポストイット**)〉 ふせん。

문자
ムンチャ

⤵ 〈문자 메시지 (**文字メッセージ**)〉 携帯電話のショートメール。

실시간
シルシガン

⤵ 〈실시간 (**実時間**)〉 リアルタイム。

생파
センパ

👉〈생일 파티（誕生日パーティー）〉

생선
センソン

👉〈생일 선물（誕生日プレゼント）〉

노쇼
ノショ

👉〈ノー・ショー〉予約・当選したのに利用しないこと。場合によってはペナルティがある場合も。

이불킥
イブルキク

👉〈布団キック〉とても恥ずかしい記憶を思い出して眠りにつく前に布団の中でジタバタして布団を足でけること。

例 어제 짹에서 아는척 하려고 쓴 영어 스펠링 틀려서 개망신 당하고 밤에 누워서 이불킥 ㅜㅜ：昨日ツイッターで知ったかぶって書いた英語のスペル間違ってて大恥かいて，夜布団に入ってから 이불킥（泣）

원쁠원
ウォンプルォン

🔊〈1＋1（**ワンプラスワン**）〉。1つ購入するとサービスでもう1つ付いてくること。

고터
コト

🔊〈고속버스 터미널（**高速バスターミナル**）〉

남초
ナムチョ

🔊〈남자 초과（**男子超過**）〉男性が過半数以上の集団。　🈁 여초

여초
ヨチョ

🔊〈여자 초과（**女子超過**）〉女性が過半数以上の集団。　🈁 남초

업뎃
オプデッ

🔊〈업데이트（**アップデート**）〉

갬성
ケムソン

↳〈감성 (感性)〉

쪽수
チョクス

↳ 人数，頭数。

例 반박할 논리가 없으니 쪽수로 밀어부치네：

反論する論理がないからって 쪽수 で押し切ろうとしてきたよ。

꿀팁
クルティプ

↳〈ハチミツ+ **tip**〉楽でよい方法。

例 티케팅 꿀팁 알려준다：チケット取る

꿀팁 教えてあげるよ。

깜놀
カムノル

↳〈깜짝 놀라다 (びっくりする／驚く)〉

호캉스
ホカンス

↳〈호텔+바캉스 (ホテル+バカンス)〉

休日に，遠くには行かず近くのよ

いホテルに宿泊してバカンスを過ごすこと。

4차원
サチャウォン

↳【四次元】一般的な思考回路では理解しがたい変わった人のことをいう。数字が4より大きい場合は更に強調した表現。

국뽕
ククポン

↳〈국가＋필로폰（国家＋ヒロポン）〉愛国心に酔う。（ヒロポンは覚醒剤の名称）

내로남불
ネロナムブル

↳〈내가 하면 로맨스, 남이 하면 불륜（自分がやったらロマンス，他人がやったら不倫）〉自分に都合のよい解釈ということ。

가성비
カソンビ

↳【価性比】コスパ。価格に対する性能。

소확행
ソファッケン

↳〈소소하지만 확실한 행복（ささやかながら確かな幸せ）〉大きな夢やせいたくよりも日常的に感じる幸せが大切だということ。

밀당
ミルタン

👇〈밀고 당기기 (押して引く)〉駆け引き。押したり引いたりすること。

현생
ヒョンセン

👇〈현실 생활 (現実生活)〉現在の生活。現実の暮らし。

혐생
ヒョムセン

👇〈혐오스러운 현실 생활 (嫌悪感が湧く現実生活)〉嫌気のさす暮らし・人生。つらく苦しい現実の暮らし。

현웃
ヒョンウッ

👇〈현실 웃음 (現実＋笑い)〉

例 ㅋㅋㅋㅋ수업듣다가 몰래봤는데 현웃터짐ㅋㅋㅋㅋㅋ : (笑) 授業中にこっそり見たんだけど現実 吹き出した (笑)

할많하않
ハルマンハアン

👇〈할 말은 많지만 하지 않겠다 (言いたいことはたくさんあるけど言わない)〉

워라밸
ウォラベル

⤴ 〈워크 앤 라이프 밸런스 (**ワーク &ライフバランス**)〉 仕事と生活のバランス。

귀차니즘
クィチャニジュム

⤴ 〈귀찮다 (**面倒くさい**) + -ism〉 面倒くさがること。ウェブ漫画「スノウキャット」から使われ始めた。 **類** 시체놀이 : 死体ごっこ

인간사료
インガンサリョ

⤴ 〈인간이 먹는 사료 (**人間が食べる 飼料**)〉 大容量のお菓子のこと。食べても食べても手が止まらない。

칼퇴
カルトェ

⤴ 退勤時間に正確に (칼같이 : 直訳だと刃物のように) 退勤すること。

類 칼퇴근

불금
プルグム

⤴ 〈불타는 금요일 (**燃える金曜日**)〉 日本で言うところの「花金」。翌日の仕事を気にせず思い切り遊べる日。

월요병
ウォリョピョン

👆【月曜病】日曜日の夜や月曜日に疲労感や無気力を感じる症状。

저질체력
チョジルチェリョク

👆【低質体力】体力がないこと。

노동요
ノドンヨ

👆【労働謡】仕事中に疲れたりダレたりしたときに聞く楽しい歌。

수능금지곡
スヌングムジゴク

👆【修能（大学入試）禁止曲】中毒性が非常に強い音楽。頭の中で絶え間なく思い出してしまうため，受験生が聞くと勉強の邪魔になるほどだという意味。

편돌이
ピョンドリ

👆 コンビニのバイト《男性》。

🔵 편순이 : コンビニのバイト《女性》

궁디팡팡
クンディパンパン

🔾〈엉덩이(궁디)를 팡팡 두드리다〉

小さい子どもや猫のお尻を愛情表現としてポンポン叩くこと。**例** 잘했어 잘했어 궁디팡팡：頑張ったね，頑張った，궁디팡팡。

지름신
チルムシン

🔾〈지르다+신 (**買う**《俗語》+**神**)〉

衝動買いの神様。

例 오늘 지름신 강림해서 필요도 없는데 잔뜩 샀어：今日 지름신 が降臨して必要ない物いっぱい買った。

코노
コノ

🔾〈코인노래방〉ワンコイン・カラオケ。 **類** 동노〈동전 노래방〉

혼코노
ホンコノ

🔾〈혼자+코노〉１人でワンコイン・カラオケに行くこと。

팸
ペム

🔾〈패밀리〉ファミリー。

🔍〈급작스럽게 똥이 마려움〉急に

便意をもよおすこと。

🔍〈다이어리 꾸미기〉ダイアリー

をデコレーションすること。

🔍〈스티커 꾸미기〉SNSにアップ

する写真をアプリのスタンプで加

工すること。

🔍〈선생님（先生）〉職業が教師の

人だけでなく大先輩または年配の

人を呼ぶときに用いたり，職業と合わせて使う場合も多い。

類 샘　例 헤메쌤：ヘアメイクさん（ヘアメイクの先生）

食べ物に関するさまざまな表現を集めました。

치맥
チメク

↪ 〈치킨+맥주 (チキン+ビール)〉

피맥
ピメク

↪ 〈피자+맥주 (ピザ+ビール)〉

치콜
チコル

↪ 〈치킨+콜라 (チキン+コーラ)〉

치밥
チパプ

↪ 치킨+밥〈치킨+밥 (チキン+ご飯)〉

반반무마니
パンバンムマニ

↳ 〈반반+무많이 (半々+大根たくさん)〉

チキンの注文内容を表す。**後ライ**

ド 반, 양념 반, 무 많이（フライドチキンとヤンニョム《タレ》チキンの

ハーフ＆ハーフに付け合わせの大根をたくさん）という意味。

아아메
アアメ

↳ 〈아이스 아메리카노 (アイスアメ

リカーノ)〉 **類** 아아

비냉
ピネン

↳ 〈비빔냉면 (ビビム冷麺)〉 スープ

がなく辛いソースを麺に絡めて食

べる冷麺。

물냉
ムルレン

↳ 〈물냉면 (水冷麺)〉

딱복
タッポク

↳ 〈딱딱한 복숭아 (固い桃)〉

물복
ムルボク

👉〈물렁한 복숭아 (柔らかい桃)〉

삼김
サムギム

👉〈삼각 김밥 (三角＋キンパ)〉 おにぎり。

혼밥
ホンパプ

👉〈혼자 밥먹는 것 (ひとりでご飯を食べること)〉

類 혼술 : ひとりでお酒を飲むこと

민초
ミンチョ

👉〈민트 초코 (ミントチョコ)〉

스벅
スボク

👉〈스타벅스 (スターバックス)〉

類 별다방 : 【星＋茶房】 スターバックスを意味する。後に 별다방 という名前のカフェもできた。

찍먹
チンモク

👇〈소스를 찍어 먹음 (**ソースにつけて食べる**)〉タンスユク (酢豚のような定番の中華メニュー) をソースに付けて食べるか，ソースをかけて食べるか，という対立から生じた言葉。他のメニューでもソースにつけて食べる場合は **찍먹** という。また，猫が前足に水をつけて舐めるのも **찍먹** という。

부먹
プモク

👇소스를 부어 먹음 (**ソースをかけて食べること**)〉

엽떡
ヨプトク

👇〈엽기 떡볶이 (**猟奇トッポッキ**)〉とても辛いトッポッキ (餅などをコチュジャンで炒めた料理) のお店。

배라
ペラ

👇〈배스킨 라빈스 (**バスキン・ロビンス**)〉サーティワンアイスクリーム。

단짠단짠
タンチャンタンチャン

〈단맛 짠맛 단맛 짠맛〉甘い味としょっぱい味が交互に繰り返されること。飽きることなく永遠に食べ続けられそうな組み合わせ。人の魅力を比喩的に表現する場合もある。

폭풍흡입
ポクプンフビプ

【爆風吸入】食べ物をたくさんバクバク食べること。

겉바속촉
コッパソクチョク

〈겉은 바삭하고 속은 촉촉（外側はサクサクで中はしっとり）〉

動物に関するさまざまな表現を集めました。

집사
チプサ

☞【執事】伴侶動物（コンパニオンアニマル）を世話する人。いわゆる飼い主のこと。

우다다
ウダダ

☞ 猫が家の中のあちこちをバタバタ走り回る様子。

숨숨집
スムスムジプ

☞ 猫が隠れていられるように入り口を除いて塞がっている家（**숨어숨어집**）と同じような構造の猫グッズ。

냥냥펀치
ニャンニャンポンチ

☞ 猫パンチ。　**類** 솜방망이질

솜방망이
ソムバンマンイ

💬〈솜+방망이（綿＋棒）〉ふわふわで綿の塊のような猫の前足。

類 찹쌀떡：お餅

햄찌
ヘムチ

💬 ハムスターのかわいい呼び方。

갓냥이
カンニャンイ

💬〈god ＋야옹이（にゃんにゃん）〉猫を最高の存在として称える表現。

갓댕이
カッテンイ

💬〈god ＋멍멍이（わんわん）〉犬を最高の存在として称える表現。

参 댕댕이：222 ページ

야매미용
ヤメミヨン

💬〈야매 ＋ 미용(無免許《俗語》＋美容)〉トリミング（毛のカット）を家ですること。

냥줍
ニャンジュプ

👉 〈냥이[고양이]를 줍다 (猫を拾う)〉

멍줍
モンジュプ

👉 〈멍멍이[강아지]를 줍다 (犬を拾う)〉

식빵 굽는다
シクパンクムヌンダ

👉 【食パンを焼く】猫がうつ伏せになって足を体の下に入れて座る姿勢を指す。その姿がスライスする前の食パンに似ているため。

例 우리 냥이가 불러도 안오고 구석에서 계속 식빵만 굽길래 병원데려갔더니 아프더라구… : うちのニャンコが呼んでも来なくて隅で食パンばっかり焼いてるから病院に連れて行ったら病気だった…。

꼬물이
コムリ

👉 くにゃくにゃ動く生まれたばかりの動物。

例 생후 일주일된 꼬물이들 사진 보세요 : 生後1週間の 꼬물이 の写真見てください。

짬타이거
チャムタイゴ

〈잔반+타이거 (残飯+ tiger)〉軍隊の残飯を食べながら暮らす猫。

略 짬타

꼬순내
コスンネ

〈고소한 냄새〉動物の足の香ばしい匂い。

무지개 다리
ムジゲダリ

【虹の橋】動物が死ぬことを「무지개 다리를 건넜다(虹の橋を渡った)」という。美しい場所に行ったことを願う思いから生じた表現。

꾹꾹이
クックギ

猫が前足で人やぬいぐるみ，布団などをマッサージするように繰り返し押すこと。

불출산
プルチュルサン

팔불출 (とても愚かな人) のような行動。ペットを自慢する時に「불출산에 오른다 (不出山に登る)」という。 **例** 우리 강아지 너무 예뻐서 오늘도 불출산 등반함：うちの子犬が可愛すぎて今日も 불출산 に登った。

안락삶
アンナクサム

👉〈**安楽な暮らし**〉「**안락사**（安楽死）」から派生した言葉。動物が保健所収容や遺棄など安楽死の危機に瀕した状況で，誰かが連れて行って世話をして安楽死ではなく安楽な暮らしを提供すること。

類 안락사：安楽死

멈뭄미
モムムムミ

👉 犬。 **類** 멍뭉이, 댕댕이

고먐미
コミャムミ

👉 猫。 **類** 먀몸미（야옹이）

子音だけで書かれることの多い表現を集めてみました。ただし、誰もが使う表現ではなく、人によっては認識できず、誤解の素になりかねないので、使うときには慎重になる必要があります。

ㅇㅇ

🔊 〈응 (うん)〉

ㄴㄴ

🔊 〈노노〉 ううん、いえ。

ㄱㅅ

🔊 〈감사 (感謝)〉 ありがとう。

ㅇㅋ

🔊 〈오케이〉 OK。

● **ㅃㅃ**	🔊〈**바이바이**〉バイバイ。**빠이빠이**, **빠빠이**, **빠빠**などもよく用いられる。
● **ㅋㅋ**	🔊〈**ㅋㅋ**〉ククク。笑い声。
● **ㅎㅎ**	🔊〈**ㅎㅎ**〉フフフ。笑い声。
● **ㅅㄱ**	🔊〈**수고**〉お疲れ様。
● **ㅊㅋ**	🔊〈**축하** [추카] (**祝賀**)〉おめでとう。

ㅈㅅ

↳ 〈죄송(합니다)〉 ごめん。

ㄴㄷ

↳ 〈나도 (私も)〉

ㅇㄱㄹㅇ

↳ 〈이거 레알 (これ + Real)〉 他の人の文章，書き込みに対するコメントで「完全に同意する」という意味で書くもの。

ㅇㄱㅁㄷ

↳ 〈이거 맞다 (これ正しい・合ってる)〉 同意する。

ㅍㅌㅊ

↳ 〈평타침〉 ゲーム用語の「평범한 (平凡な) +타격 (打撃)」の略語から，平均レベルという意味。実力，外見など様々なものについて比喩的に使われる。

ㅅㅌㅊ	⏦〈상타침〉「상（上）＋평타침」平均より上。

ㅎㅌㅊ	⏦〈하타침〉「하（下）＋평타침」平均より下。

ㅁㅌㅊ	⏦〈몇타침?〉「몇（何）＋평타침」どのレベルか評価を求めるという意味。

ㅂㅂㅂㄱ	⏦〈반박 불가（反駁不可）〉反論できない。

ㅇㅈ	⏦〈인정（認定）〉認めるということ。

✎ 子音だけの表現

| **ㅉㅉ** | ♪〈쯧쯧〉舌打ちの音。他人を見て, |

情けない・嘆かわしい・かわいそう・

不憫だなどという感情の場合にする。

| **ㅂㄷㅂㄷ** | ♪〈부들부들〉(怒りや恐怖などで) 体 |

が震える様子を表す。ぶるぶる。

がくがく。わなわな。

| **ㄷㄷ** | ♪〈덜덜〉(寒さや恐怖などで) 体が震 |

える様子を表す。ブルブル。ガク

ガク。 類 ㅎㄷㄷ〈후덜덜〉

ここではヤミンジョンウム（야민정음）を集めました。これは形が似ているハングル文字や漢字・ローマ字に置き換えたり，逆さまに見た形を表したりする表記法のことです。（コラム：225ページ参照）

롬곡

☞〈눈물（涙）〉눈물を逆さまに書くと롬곡になる。　**類** 룸곡，곡물

例 오늘 아픈데 참고 스케줄 했데 ㄹㅇ롬곡나ㅜㅜ：今日具合悪いのに我慢してスケジュールこなしたんだって。ㄹㅇ롬곡나（＝本当に涙出る）（泣）

롬곡옾높

☞〈폭풍＋눈물（爆風＋涙）〉号泣。　**類** 폭풍 눈물

띵작

☞名作（명작）。

띵반

☞名盤（명반）。

띵곡

🔊 名曲（명곡）。

댕댕이

🔊 〈멍멍이（子犬）〉 🏷 강아지

미괜

🔊 ミニファンミーティング。

📎 미팬：36 ページ

대리채

🔊 〈머리채〉 📎 87 ページ

판음

🔊 〈관음〉

📎 눈팅：52 ページ

팡고

↳〈광고（広告）〉

넹글넹글

↳〈빙글빙글（**ぐるぐる**）〉 頭の中を ぐるぐる回る，とめどなく頭の中を流れる。 **例** 어제 기사보고 넹글넹글 돌았잖아：昨日歌詞見て 넹글넹글 したよ。

머지

↳ 豚（돼지⇒대지⇒머지）。

괄도네넴띤

↳〈팔도 비빔면〉Paldo社のインスタント袋麺のビビン冷麺。

끌뷰

↳〈프리뷰（プレビュー）〉

参 플뷰：166 ページ

퍄퍄

✍ 感嘆詞「**오우야**」の母音をパズルのように組み合わせたもの。「すごい」「最高」などの意味。 **類** 퍄, ㅛㅜㅑ

존커

✍ 非常にかわいい。

参 존귀, 졸커 : 130 ページ

괄로잉

✍ 〈팔로잉（フォロー）〉

参 친추 : 118 ページ

괜끽

✍ 〈팬픽（ファンフィクション）〉

参 176 ページ

일겅

✍ 〈이거 레알〉 これ本当。

類 ㅇㄱㄹㅇ : 218 ページ

머포　　🖐〈대포〉　参 173 ページ

訓民正音 と 야민정음
<small>フンミンジョンウム　　　ヤミンジョンウム</small>

　ハングルは主に〇と直線でできているため，文字が小さいと見間違いをしてしまう場合もあります。それを逆手に取って「대」を「머」のように見間違えるような構造のもの，あるいは逆さまから見たらそう読める文字などがヤミンジョンウムです。元々は DC INSIDE というサイトの野球ファンのギャラリー（スレッド）で生まれたそうです。こういったものはコミュニティ内だけで通用する暗号のようなものの一環で，趣向や考え方が似ているファン同士でのみ通用するため，若干排他的に見えます。そのようなコミュニティを好む人たちの SNS 上ではタメ口・罵り言葉が普通に使われる場合もあるため，外国人にはハードルが高いです。そうした場所では 3 カ月ないし 3 年は目で見るだけにしろという言葉があるのですが，ガイドラインや他の人の書き込みをじっくり読んで勉強して，理解できるようになって初めて書き込みをすべきだという考え方です。理解できないからと言って安易にこれは何？と質問することは「フィンガー・プリンセス／プリンス（핑프）」と言って嫌われます。プリンセス・プリンスとは自分では何の努力もせずに他の人が情報を与えてくれること（他人の労力を提供してもらうこと）を待つばかりの人に対する皮肉です。その言葉を知って以来，私も質問する前に自分で調べるということを習慣づけ，それでも分からない場合にのみ質問することを心掛けています。私の友人達も時には「辞書見ろ」と厳しい答えを返してくることもありますが，辞書を見ても理解できないようなものについてはとことん親切に解説してくれますよ。

貝森 時子（かいもり・ときこ）

　宮城県出身。K-POP に関心を持ったことから韓国語を勉強し、二度の韓国留学を経て現在は韓国語教育・翻訳などに従事。著書に『韓流スターにファンメッセージ』（2012 年，語研），共著に『今すぐ書ける韓国語レター・E メール表現集』（2013 年，語研），『1 か月で復習する韓国語基本の 500 単語』（2018 年，語研）などがある。

キム・ジヨン

　韓国・京畿道出身。アイドルのファイサイト運営経験者。日本への語学留学経験もある。

オ・ヨヌ

　韓国・大田出身。多方面のファン活動により知識と経験が豊富。

© Tokiko Kaimori; O Yeonu; Kim Jiyeon, 2020, Printed in Japan

 # 韓国女子のためのイマドキ韓国語

2020 年 5 月 1 日　　　初版第 1 刷発行

著　者	貝森 時子／キム・ジヨン／オ・ヨヌ	
制　作	ツディブックス株式会社	
発行者	田中 稔	
発行所	株式会社 語研	

　　　　〒101-0064
　　　　東京都千代田区神田猿楽町 2-7-17
　　　　電　話　03-3291-3986
　　　　ファクス　03-3291-6749
　　　　振替口座　00140-9-66728

組　版	ツディブックス株式会社
印刷・製本	シナノ書籍印刷株式会社

ISBN978-4-87615-355-8 C0087

書名　カンコクジョシノタメノ　イマドキカンコクゴ
著者　カイモリ　トキコ／キム・ジヨン／オ・ヨヌ

著作者および発行者の許可なく転載・複製することを禁じます。

定価はカバーに表示してあります。
乱丁本・落丁本はお取替えいたします。